Gras drüber

Kurzkrimis aus dem Sauerland
und anderen Regionen

Umschlaggestaltung und Satz: Olaf Warburg
Umschlagfoto: Adelheid Prünte
Druck: cpi books

ISBN 978-3-934327-65-8

Ein Buch vom
Blatt-Verlag
Im Tiefen Winkel 22
DE-58706 Menden
kontakt@blattverlag.de

Kathrin Heinrichs

Gras drüber

Kurzkrimis aus dem Sauerland
und anderen Regionen

Blatt-Verlag, Menden

Ähnlichkeiten zu realen Orten sind gewollt.
Personen und Handlungen der Geschichten dagegen
sind frei erfunden. Bezüge zu realen Menschen
wird man daher vergeblich suchen.

Inhalt

Gras drüber

Es liegt zwar kein Schnee, viel zu warm für die Jahreszeit, aber der Song im Radio macht mich trotzdem sentimental. „Driving home for Christmas", Chris Rea. Mein Elektro-BMW schnurrt durch die geschwungene Landschaft, an Weihnachtsbaumkulturen vorbei, und plötzlich kommen Erinnerungen hoch. Wie Papa für einen guten Zweck Weihnachtsbäume schlug in seinem winzigen Wäldchen. Wie Conni und ich sie oben am Sportplatz verkauften. Wie wir verfroren nach Hause kamen, um von Mama mit duftendem Christstollen und heißem Kakao empfangen zu werden. Glückliche Kindheit im Sauerland. Meine Tochter Lynn würde sich garantiert nicht für zwei D-Mark die Stunde in die Eiseskälte stellen. Für uns war es toll.

Das ist alles weit weg. Mama ist vor vier Jahren gestorben, Papa hat sie bis zuletzt gepflegt. Meine Schwester Conni wohnt in der Schweiz, ich in Hamburg, aber Papa klagt nie, obwohl er durch Bandscheibenvorfälle eingeschränkt ist. Ich komme zweimal im Jahr in meine alte Heimat, einmal im Sommer, einmal im Dezember, und dann meckert meine Cara auch schon, weil eigentlich etwas anderes ansteht.

Dabei fahre ich inzwischen ganz alleine nach Hause. Ich habe mir abgewöhnt, die Familie ins Auto zu packen, das Genöle bin ich leid. Wenn ich da bin, regle ich ein paar Sachen, die Papa nicht hinkriegt, aber das meiste hat er im Griff. Umso erstaunlicher, dass er diesmal extra nachgefragt hat.

„Du kommst doch am Samstag?“, hat er vorgestern am Telefon gefragt.

„Na klar, zweites Adventswochenende, haben wir doch besprochen. Steht etwas an?“

„Ja. Nein. Vielleicht.“

„Ein technisches Problem?“

Die Technik macht ihm am meisten zu schaffen. Einmal hat er über Wochen die Fernbedienung seines Fernsehers nicht benutzt. „Ist doch nicht schlimm“, meinte er, als ich sie im Sommer instandgesetzt habe, was heißt *instandgesetzt*. Ich habe die Batterien ausgetauscht. „Es ist gesund, mal aufzustehen und am Apparat das Programm einzustellen.“

So ist mein Vater. Bescheiden. Pragmatisch. Das Gegenteil von bequem.

„Nicht direkt technisch“, hat mein Vater am Telefon gemurmelt und dabei zum ersten Mal ein bisschen verzweifelt gewirkt. „Aber so ähnlich.“

„Ich kümmere mich“, hab ich gesagt, „am Samstagmittag bin ich bei dir.“

Cara hat natürlich geunkt. „Wetten, das Klo ist verstopft. Und bis es wieder heil ist, geht er in den Garten.“

Cara ist ungerecht, wenn es um meine Familie geht. Als sie noch mit ins Sauerland fuhr, hat sie darauf bestanden, im Hotel zu übernachten.

Mir war das peinlich. Ist mein Elternhaus nicht gut genug für uns?

Ich finde, ich kann dankbar sein, dass mein Vater nichts von mir erwartet. Er kocht jeden Tag und hat soziale Kontakte. Mit seinen Nachbarn Ortwin und Friedhelm hat er bis vor kurzem jeden Freitag Karten gespielt. Friedhelm allerdings ist vor ein paar Wochen gestorben, vielleicht setzt ihm das zu.

Äußerlich ist alles tipptopp, als ich in die Einfahrt einbiege. Der Bürgersteig gefegt, die beiden Mülltonnen akkurat nebeneinandergestellt, der kleine Corsa meines Vaters, mit dem er nur noch zum Supermarkt fährt, unter dem Carport. Dahinter stelle ich meinen Flüster-SUV ab und bitte Siri, eine Nachricht an Cara zu schreiben, dass ich gut angekommen bin. Cara antwortet gleich: *„Vergiss im Sauerland die guten Vorsätze nicht!“*

Cara macht gerade ein Coaching. Jeden Tag Sport, Meditation und schlaue Sprüche zum Finden der Balance. All das reicht sie an mich weiter, ob ich will oder nicht. Das geht mir ziemlich auf den Geist.

„Ja klar“, diktiere ich Siri. *„Aber das Sauerland ist ja sowieso für Ruhe und Frieden bekannt.“*

Noch bevor ich klingeln kann, öffnet mein Vater die Haustür, so kenne ich ihn nicht.

„Stephan", er zieht mich ins Haus. „Du bist doch alleine gekommen?"

Und dann steht da auch noch Ortwin im Flur, Papas bester Kumpel. Was ist hier los?

„Junge", Ortwin klopft mir auf die Schulter, was ihm nicht leichtfällt. Ortwin ist klein.

„Ortwin", ich möchte zurückklopfen, aber ich fürchte, das Persönchen bricht dann zusammen.

„Also dann", sagt mein Vater, „das Problem liegt im Keller."

Mein Vater ist wackliger auf den Beinen als beim letzten Besuch. Während ich hinter ihm die Kellertreppe hinabsteige, gehe ich in Gedanken die Worst Cases durch. Wasserrohrbruch? … Oder doch ein Problem mit der Toilette und die Fäkalien sammeln sich unten? … Oder geht es um Nager? Sehen mich gleich ein paar Rattenaugen an? Was auch immer. Gut, dass Cara nicht hier ist.

Ich werde in den hintersten Raum des Kellers geführt, wo nur Krimskrams herumsteht. Der Apfelpflücker, das ausrangierte Aquarium, die Kettensäge.

„Und?", frage ich.

Es ist Ortwin, der es ausspricht. „Wir haben eine Leiche im Keller." Und dann zeigt er zum Einnetzer hin. Das Einnetzgerät ist ein Teil meiner Kindheit. Damit haben Conni und ich damals die Weihnachtsbäume verpackt. Und tatsächlich steckt auch jetzt ein eingenetzter Baum in der Trommel. Äh – Moment, ist das wirklich ein Baum?

„Was ist das?“, stammele ich – und weiß schon, dass ich anders fragen müsste. Nicht *was,* sondern *wer.*

„Der Neffe von Friedhelm“, sagt mein Vater verlegen. „Er ist die Treppe hinuntergestürzt.“

Das ist völlig verrückt, sowas passiert einfach nicht. Wenn einer die Treppe hinunterstürzt, liegt er verkrümmt am Fuße der Treppe, der Notarzt kommt, dann die Polizei, und das Ganze nimmt seinen tragischen Gang.

Und plötzlich wird mir klar, dass die beiden alten Männer mich veräppeln. Dass irgendwo eine versteckte Kamera läuft, deren Aufnahme für den nächsten runden Geburtstag gedacht ist. Energisch trete ich zum Baumtrichter hin und versuche das Netz aufzureißen. Hinter mir höre ich einen Aufschrei, als ich sehe, was ich plötzlich in den Händen halte: ein Büschel Haare.

Tragischerweise summt plötzlich mein Handy. In einer Art Schockzustand schaue ich drauf. Cara natürlich. *„Wie läuft es? Hast du schon nette Bekanntschaften gemacht?“*

Ich schaue auf die Haare in meiner Rechten. „Und wie“, raune ich. „Und mit Ruhe und Frieden läuft's auch.“

Sie haben mich aufs Sofa verfrachtet und mir Schnaps eingeflößt. Tatsächlich geht es mir nach zwei Obstbränden besser.

Sie können überhaupt nichts dafür, sagen die beiden alten Männer, der Neffe ist die Kellertreppe hinuntergestürzt, ein tragischer Unfall, irgendwie.

„Warum habt ihr dann die Polizei nicht gerufen?“

„Ich wusste, dass er das fragt“, wendet sich Ortwin vorwurfsvoll an meinen Vater.

„Weil ich normal bin! Jeder normale Mensch ruft die Polizei, wenn ein tragischer Unfall passiert.“

Ortwin guckt ein wenig beleidigt. Mein Vater hebt hilflos die Arme. „Es ist ein bisschen komplizierter. Irgendwie.“

Dieses *Irgendwie* an allen möglichen Stellen. Haben die beiden Alten tatsächlich einen Menschen umgebracht?

„Habt ihr einen Menschen umgebracht?“, frage ich nach.

„Nein!“, kommt es von beiden wie aus der Pistole geschossen. Und dann fangen sie an zu erzählen.

Dass dieser *Kerl* – sie sagen es mit Abscheu – ein brutaler Grobian sei. Nie habe er sich um Friedhelm gekümmert, aber jetzt, da sein Onkel tot sei, wolle er ans Erbe. Obwohl Friedhelm das doch Ana geben wollte, die ihn gepflegt hat.

„Wo ist diese Anna?“, erkundige ich mich.

„*Ana*“, verbessern mich die beiden Herren im Chor. „Sie kommt aus Mazedonien“, erklärt Ortwin bemüht.

„Über zwei Jahre hat sie Friedhelm wie ein Engel gepflegt."

Ana scheint eine Heilige zu sein, so wie die beiden über sie sprechen. Davor war ein Drache am Werk, wenn ich mich richtig erinnere. Ein Drache, der sich über Nacht aus dem Staub gemacht hat, Ignatia, oder so ähnlich.

„Okay", halte ich fest, „wo ist *Ana* jetzt?"

„Sie hat sich eine Weile zurückgezogen", sagt mein Vater verschwommen. Das klingt wieder verdammt nach *Irgendwie.*

„Wir mussten befürchten, dass dieser Kerl sich an ihr vergreift", erläutert jetzt Ortwin. „Zweimal ist es fast zum Äußersten gekommen. Da konnte sich Ana gerade noch retten."

„Wir brauchten eine Lösung", sagt mein Vater lapidar. Und dann überfällt mich plötzlich Panik. Ich stecke hier in etwas drin. Meine Spuren sind im Keller und an der Leiche.

„Wir müssen die Polizei rufen!"

„Wo denkst du hin?", mein Vater schüttelt unwillig den Kopf. Für einen Moment bin ich der kleine Junge, der nach Schokolade fragt, obwohl es in zehn Minuten Mittagessen gibt. „Du weißt doch, wie es auf dem Land ist. Die Polizei braucht vierzig Minuten."

„Ja und?", frage ich. „Wie lange steckt dieser Kerl schon in diesem Netz?"

„Vier Tage", pariert Ortwin. „Aber keine Sorge, da unten ist es kühl."

Ich sinke zurück auf mein Sofa.

„Vermisst den denn niemand?“, kommt es mir in den Sinn.

„Nee!!“ Synchrones Kopfschütteln, wieder sind sich beide Oldies einig. „Keine Familie. Der ist ein Krimineller, hat schon Friedhelm gesagt. Organisiert den Nachschub für ein paar Frankfurter Bordelle.“

Das wird immer verrückter. Ein Zuhälter aus Frankfurt, der als Kanonenladung in unserem Einnetzer steckt! Den man aber leider nicht auf den Mond schießen kann! Ich wollte einen entspannten Heimaturlaub machen!

„Deshalb haben wir auch sein Auto auf einem Frankfurter Wanderparkplatz geparkt“, erklärt Ortwin wie selbstverständlich.

„Ihr habt was?“, raste ich aus.

„Ist doch kein Problem“, mein Vater hebt beruhigend die Hände. „Wir sind mit dem Deutschlandticket zurück.“

Ortwin reicht mir erneut einen Schnaps.

„Warum ich dich angerufen habe“, erklärt nun mein Vater, als würden wir über einen neuen Telefonanbieter sprechen. „Das Einnetzen ist über unsere Kräfte gegangen. Wir kriegen ihn nicht aus dem Keller. Zumindest nicht am Stück.“

Mir dreht sich der Magen um, weil mir die Kettensäge plötzlich in den Sinn kommt. Vielleicht sage ich deshalb: „Ja klar.“

Mein Vater scheint ermutigt durch meinen Kommentar. „Wir wissen auch schon, wo er hinsoll. Die

Landjugend sammelt nach Weihnachten immer die Tannenbäume fürs Osterfeuer ein."

Die Welt um mich herum fängt an sich zu drehen. Ich versuche in Ohnmacht zu fallen, aber es klappt leider nicht.

„Ihr wollt ihn nicht ernsthaft aufs Osterfeuer packen? *Packen lassen! Von Jugendlichen?*"

„Nein", wieder gemeinschaftliche Entrüstung ob meines bescheidenen Verstands.

„Wir haben gedacht, dass *du* ihn dort unterpacken könntest", erklärt mir mein Vater. „Einen Haufen Strauchgut gibt es da schon. Die Bäume von der Landjugend kommen dann nach Weihnachten dazu."

„Hä?", ich werde energisch. „Wir haben den 12. Dezember. Die Leiche soll bis Ostern dort liegen? Wie stellt ihr euch das vor? Dort gehen Hundebesitzer spazieren, jeder Köter schnüffelt da rum. Ach, was sag ich, jeder Spaziergänger merkt das. Eure Einnetzaktion nützt da gar nichts – es wird bestialisch stinken."

Ortwin sieht meinen Vater achselzuckend an. „Eigentlich schön, dass der Junge mitdenkt. Wie damals, als du mit ihm das Baumhaus gebaut hast."

Dann summt es in meiner Tasche. Eine Nachricht von Cara natürlich. *„Du denkst doch dran, dass wir bis Weihnachten keinen Alkohol trinken?"*

Ich halte Ortwin mein Schnapsgläschen hin. Wortlos schenkt er mir ein.

Als Knuffi, der Hamster meiner Tochter, letztes Jahr starb, hat das Ausheben seines Grabes fünf Minuten gedauert. Das ist diesmal anders. Ich bin vollkommen erschöpft, als ich das Werk als vollendet betrachte, jetzt erstmal ausruhen. Ich sinke auf den Boden, strecke mich aus, versuche Arme und Beine wieder zu spüren. Ein Moment von Ruhe und Frieden überkommt mich. Jetzt einschlafen und nie mehr erwachen! Das ist der Moment, da es in meiner Hosentasche surrt. Cara schreibt: „*Hast du an deine Sporteinheit gedacht?*"

„*Nee, ganz vergessen*", diktiere ich Siri, „*ich setze heute aus. Ich liege grad so gemütlich.*"

Cara versucht sofort, mich telefonisch zu erreichen, ich gehe nicht dran, finde aber genug Energie, mich aufzuraffen und die drei Herren in meinem Auto zu stören.

Ich klopfe an die Scheibe, keiner reagiert. Okay, einer ist tot, der ist entschuldigt, aber Ortwin und mein Vater könnten durchaus etwas mehr Begeisterung zeigen, jetzt, da ich allein das Grab ausgehoben habe. Ich muss nochmal klopfen, bevor sie erwachen, sie haben es sich in meinem Auto gemütlich gemacht.

Am Ende helfen sie sogar mit, den Eingenetzten in die Grube zu ziehen. Zwei Meter tief, das war mein Anspruch. Das Zukippen ist schnell gemacht, allerdings nehme ich mir ausreichend Zeit fürs Verdichten. Ich will nicht, dass hier innerhalb kurzer Zeit eine Senke entsteht.

Ortwin und mein Vater sind zufrieden. Sie wollten

eigentlich nicht, dass Friedhelms Neffe in unserem eigenen Wäldchen verschwindet, sie wollten ihn auf der ungenutzten Wiese am Ende des Dorfes unterbringen: „Gras drüber, fertig!"

Das habe ich abgelehnt. Ich möchte nicht, dass der Neffe wieder auftaucht, wenn dort ein Baugebiet entsteht. Als Kompromiss haben Ortwin und mein Vater den letztendlichen Liegeplatz bestimmt – zu meinem Leidwesen ganz am Ende des Waldstücks, das man mit dem Auto nur schwerlich erreicht.

„Und warum nun gerade hier?", will ich wissen, als wir selig ums Grab herumstehen.

Da hebt mein Vater seinen Blick. „Naja, wär nicht schön gewesen, wenn bei den Buddelarbeiten Ignatia wieder ans Licht gekommen wär."

Ich fahre jetzt öfter nach Hause. Mindestens einmal im Monat, ich fühle mich hier total in meiner Balance. Dann checke ich die Gräber, kümmere mich um dies und das und wir spielen Karten.

Nebenan in Friedhelms Haus wohnt jetzt Ana. Sie ist wirklich ein Engel.

Letztens habe ich mit meinem Vater den hinteren Keller aufgeräumt. Er wollte alles loswerden: Apfelpflücker, Kettensäge und sogar das Einnetzgerät. Ich war kurz davor alles rauszuschmeißen, aber dann habe ich die Sachen doch stehenlassen. Wer weiß, ob ich sie nicht vielleicht doch nochmal brauche. Cara geht mir mit ihren Coaching-Tipps im Moment tierisch auf den Geist.

Knast oder Keller

Irgendwann hat mein Therapeut mich gefragt, was *„dieses Hönnetal"* für mich bedeutet.

Ich weiß, was andere Leute denken, wenn sie *Hönnetal* hören. Liebliches Tal. Sagenumwobene Landschaft. Hönne-Idyll.

„Abgründe", habe ich assoziiert. „Grenzerfahrungen. Außen lieblich. Innen kalter Stein."

Mein Therapeut hat mich angeblickt und verhalten genickt.

„Wollen Sie darüber sprechen?", hat er gefragt.

Daraufhin habe dann ich verhalten genickt.

Im Hönnetal habe ich meine halbe Kindheit verbracht. In Neuenrade zu wohnen, ist auch verkehrstechnisch eine Art Schicksal.

Neun Jahre mit der Bahn zur Schule nach Menden.

Für mich hieß das: Neun Jahre *mit Ansgar* zur Schule nach Menden.

Ansgar stieg in Balve zu. Und brauchte dann einen Platz. Wenn ich ihm keinen freigehalten hatte, nahm er einfach meinen. Eigentlich nahm er immer meinen, auch wenn ich ihm einen freigehalten hatte.

Ansgar war Handballer mit neunzig Kilo, Ansgar

hatte unbändig Kraft, Ansgar hatte aber vor allem Autorität. Ansgar war mein tägliches Schicksal.

Ich weiß nicht, ob Sie wissen, was es bedeutet, Zugfahrer zu sein. Jeden Morgen in aller Frühe aufstehen, dann quer durch Neuenrade zum Bahnhof, dort in den Zug und in Menden nochmal den Berg rauf zum HGG. Heilig-Geist-Gymnasium. Gab's damals noch.

Aber es geht mir um den Zug. Im Zug herrschte das Recht des Stärkeren. Der Stärkere war Ansgar. Neun Jahre ging das so.

„Ich glaube, Martin will heute in den Keller", sagte Ansgar oft schon am Bahnhof Sanssouci. In den Keller hieß: in den Fußraum, unter die Sitze. Wenn der Schaffner kam, alle die Beine drüber, Jürgen und Lutz machten mit. Ansgar war ein Leader.

Manchmal sagte Ansgar auch: „Ich glaube, Martin will heute in den Knast."

Das war unangenehm, weil es dann nämlich rauf in die Gepäckablage ging. Mit mir war das möglich, ich wog ja praktisch nichts. Und dann lag ich da oben wie ein eingeklemmter Hering und guckte durch die Stäbe nach unten, ein bisschen wie im Knast. Knast aber auch, weil man da alleine nicht rauskam.

In den Knast kam ich nur, wenn kein Schaffner da war. Für die Gepäckablage gab's Ärger, den wollte Ansgar nicht.

Nur wenn Ansgar Hauaufgaben brauchte, wurde ich verschont. Und die brauchte er häufig, Ansgar konnte nämlich nichts.

„Mathe und Englisch“, sagte Ansgar oft schon beim Reinkommen, und dann musste ich liefern. Das war kein Problem, ich habe die Hausaufgaben sowieso immer gemacht. Doof wurde es, als Ansgar nicht mehr selbst abschreiben wollte. Er sagte dann beim Reinkommen zwar „Mathe und Englisch“, aber fortan war ich derjenige, der alles in sein Heft eintragen musste.

Als ich mal Französisch für ihn abgeschrieben habe, das war in der Zwölf, hat er sich sein Heft angeschaut und gesagt: „Totales Buchstabenchaos, wie soll ich das lesen? Das hier zum Beispiel: *heureux?*“

„Das heißt *glücklich*“, habe ich gesagt. „Man spricht es *Örö.*“

„Örö“, hat Ansgar mich nachgeäfft, „klingt ja voll schwul.“

In Ansgars Welt war sowas ein Witz, deshalb haben Lutz und Jürgen gelacht. Also hat Ansgar weitergemacht.

„Örö ist Oberrödinghausen“, hat er gesagt, „warum schreibst du mir Oberrödinghausen ins Heft?“

Ich wollte erklären, dass es *Örö* heißt, nicht *Orö*, aber das hab ich mir geklemmt, es gab auch so noch Ärger genug.

Und zwar, als Hossmann, unser Französischpauker, das mit dem Abschreiben merkte. Er hat beim Hausaufgabenkontrollieren unsere Hefte verglichen.

„Dieselbe Schrift“, hat er dann zu Ansgar gemeint, „das hat wohl Martin für dich erledigt. Beide Samstage nachsitzen und ich rufe deine Eltern heute Nachmittag an."

Die Rückfahrt war schrecklich. Ansgar hat mich in Klusenstein aus dem Zug rausgezogen. Er fühlte sich vor dem Französisch-Kurs blamiert. Und er wollte nicht nach Hause, das konnte ich sogar ein bisschen verstehen. Sein Vater war Fabrikant und ein echter Tyrann. Ansgar sollte die Firma übernehmen, es standen Erwartungen im Raum.

„Ich muss nach Hause", habe ich gebettelt, als Ansgar mich aus dem Zug gezerrt hat. Ich sehe noch heute Lutz' und Jürgens Köpfe am Fenster. Sie wirkten erschrocken, sie wussten nicht, was Ansgar mit mir vorhat. Aber sie hatten eine Ahnung, dass das zu arg werden könnte.

„Ich kann doch nichts dafür", habe ich gekeucht, während mein Kopf unter Ansgars Arm festgeklemmt war.

„Natürlich kannst du dafür", hat Ansgar gebrüllt und mich runter zur Hönne geschleift. „Du hast die Schrift nicht gut genug gefälscht."

Was dann kam, hat mein Leben verändert.

Ich habe das überlebt. Ich habe das knapp überlebt. Dabei hat Ansgar mich länger als eine Minute unter Wasser gehalten, mehrfach hintereinander.

Ich habe Todesangst gehabt. Und dieses existentielle Gefühl hat mich nie mehr verlassen. Manchmal ist es plötzlich da. Ausgelöst durch einen Trigger. Eine abfahrende Bahn. Das Plätschern eines Flusses. Sogar Vogelgezwitscher.

Liebliche Geräusche. Wie das Hönnetal selbst. Aber Geräusche, die in meinem Kopf etwas auslösen können. Auch heute noch, nach Jahren der Therapie.

Als ich da lag, am Ufer, im Grunde halbtot, hat Ansgar sich noch einmal zu mir heruntergebeugt. „Kannst ja den nächsten Zug nehmen“, hat er gezischt und mir einen letzten Tritt in die Seite gegeben. „Und halt gefälligst dein Maul! Sonst ist Klusenstein beim nächsten Mal das Letzte, was du siehst.“

Stunden später habe ich zu Hause eine Menge Ärger gekriegt, weil meine Kleidung ganz nass war. Gesagt habe ich nichts.

Anschließend war ich vier Wochen krank. Erkältung. Bronchitis. Lungenentzündung. In dieser Zeit ist Ansgar achtzehn geworden und hat von seinen Eltern ein Auto gekriegt. Danach ist er nicht mehr mit dem Zug zur Schule gefahren, das hat meine Lage entspannt. Hausaufgaben abschreiben nur noch in der Schule, und da waren viele Leute drumrum.

Sein Abitur hat Ansgar am Ende leidlich bestanden, vor allem wegen Handball, aber auch, weil er in der Matheklausur von mir abgeschrieben hat.

Nach der Abifeier hat Ansgar mich kurz beiseitegenommen. „Es ist vorbei“, hat er gesagt und höhnisch gegrinst, „bist du jetzt glücklich?“

„Oh ja“, habe ich gesagt. „Je suis heureux.“

Das ist jetzt dreißig Jahre her. Jeder von uns hat sein

Leben gelebt. Meine alte Heimat habe ich praktisch nie mehr besucht, da meine Eltern kurz nach meinem Abi umgezogen sind. Und Sehnsucht nach meiner Stufe hatte ich nicht.

Das Hönnetal hat nur in meinen Therapiesitzungen eine Rolle gespielt. Und in meinen Träumen.

Aber dann trudelte diese Einladung zum dreißigjährigen Abitreffen ein und kurz vor dem Termin eine Nachricht von Ansgar. Sie alle hatten meine Kontaktdaten im Internet entdeckt, ich war Mathedozent an der Uni Braunschweig.

„*Du kommst doch?*", hatte Ansgar geschrieben. „*Alte Erinnerungen aufleben lassen? Ich habe mir überlegt, mit dem Zug nach Menden zu fahren – und nachts mit dem Taxi zurück. Bist du dabei?*"

„*Was ist mit Jürgen und Lutz?*", habe ich gefragt.

„*Jürgen hat Prostatakrebs und ist dann zur Reha. Lutz besucht seinen Sohn, der in Harvard studiert.*"

Ich ließ das auf mich wirken. Bei jedem fand das Leben sehr unterschiedlich statt.

Exakt neun Minuten nahm ich mir Zeit für eine Antwort. Eine Minute für jedes Jahr. Die Überlegungen meines Therapeuten gingen mir durch den Kopf. „Vielleicht sollten Sie noch einmal hin", hatte er angeregt, „Konfrontationstherapie. Mal schauen, was dieses Hönnetal mit Ihnen macht."

Konfrontationstherapie … damals konnte ich nicht viel damit anfangen.

Aber jetzt schien die Gelegenheit da. Vielleicht war es ein Zeichen. Nur Ansgar und ich.

„Ich bin dabei“, habe ich schließlich geschrieben. *„Um 18.05 Uhr steige ich in Neuenrade ein, ich halte dir einen Platz frei.“*

Ich teste meine Gefühle, als ich ihn am Bahnsteig stehen sehe. Wie erwartet krampft sich in mir etwas zusammen. Ich atme tief ein, versuche gegen die Panik anzugehen. Ich bin nicht mehr der Hänfling, der ich war.

Als er ins Abteil kommt, registriere ich, wie feist er doch ist. Kein Handballspieler mehr, nur noch waberndes Fett. Ich habe auch zugelegt, allerdings Muskeln. Ich wollte nie wieder im Leben der Schwächere sein. Schon im ersten Semester habe ich beim Unisport gepumpt. Heute bin ich ein durchtrainierter Fastfünfziger. Dumm nur, dass ich mein Selbstbewusstsein nicht auf dieselbe Art aufpumpen konnte.

„Hey, Martin, gut siehst du aus.“ Er boxt mir gegen den Arm. Revierschlag. *Bild dir bloß nicht ein, es hätte sich etwas geändert.*

„Du auch.“ Ich boxe ihm ebenfalls gegen den Arm, aber doppelt so fest.

„Autsch“, der Schwabbel hält sich die Schulter, „bist du verrückt?“

„Nö, nur erwachsen.“

Ansgar mustert mich skeptisch, während er sich mir gegenüber auf dem Sitz niederlässt. Der Zug ist völlig leer. Samstagabends ist die Hönnetalbahn nicht das Fortbewegungsmittel Nummer eins.

Mein Kumpel trägt ein Polo-Shirt, das mit Aufnähern voll ist. Hat bestimmt zweihundert Euro gekostet, trotzdem sieht er darin wie eine bekloppte Litfasssäule aus.

Grinsend blickt er nach oben. „Weißt du noch, damals – Keller oder Knast?"

Ich folge seinem Blick. Die Gepäckablage sieht anders aus als früher. Der ganze Zug sieht anders aus als früher.

„Ja, ich erinnere mich."

„Das waren unbeschwerte Zeiten, heute spielt die Welt ja verrückt."

Ich lasse das so stehen, er meint es wirklich ernst.

„Und bei dir läuft's?", stellt er keine Frage.

„Läuft", sage ich, auch wenn das klingt wie bei meinen Studenten.

Ansgar beginnt von sich zu erzählen. Er hat die zweite Frau, einen Sportwagen und eine Yacht. Schlimmer kann es auch in diesem Werbespot nicht sein.

In Sanssouci kenne ich den Umsatz seiner Firma und die Anzahl seiner Niederlassungen in Osteuropa.

In Volkringhausen weiß ich, dass er ein Kind mit Schulproblemen hat.

In Binolen erfahre ich, dass dieses Kind bald nach Bayern ins Internat soll.

Als beim Blick aus dem Fenster oben auf dem Felsen

Burg Klusenstein auftaucht, stehe ich auf.

„Was'n los?", fragt Ansgar.

„Ich habe mein Auto hier stehen", erkläre ich. „Komm mit, dann brauchen wir heute Abend kein Taxi."

Was ich wahrnehme, ist ähnlich wie damals. Der abfahrende Zug. Sanftes Plätschern. Vogelgezwitscher.

Die Hönne führt sehr wenig Wasser. Für Ansgar allerdings reicht's.

Neunmal halte ich ihn unter Wasser. Für jedes Jahr einmal.

Er keucht und schnauft wie ein Walross. Er ist wirklich alles andere als fit.

Ich lasse ihn halbtot am Ufer liegen. Kann ja den nächsten Zug nehmen. Einer fährt sicherlich noch.

„Ich glaube, Martin will in den Knast."

Diesen Satz spült mein Kopf immer wieder nach oben.

Er war halbtot, als ich ging. Das habe ich gewollt. Aber kurz darauf war er ganz tot. Damit hatte ich weiß Gott nicht gerechnet. Herzinfarkt infolge des Schocks. Ansgar hatte ein sehr schwaches Herz.

Man hat das alles rekonstruiert. Das war keine Kunst, der Zugführer hat uns aussteigen sehen. Einer Mitschülerin hatte Ansgar gesagt, dass wir mit dem Zug kommen. Ich stehe da wie ein Depp. Und es ärgert mich, dass Ansgar wieder mein Schicksal bestimmt.

Zu neun Jahren hat mich der Richter verdonnert. In mein altes Leben kehre ich danach sicher nicht mehr zurück.

Letztens hat auch meine Gefängnis-Therapeutin gefragt, was *„dieses Hönnetal"* für mich bedeutet.

Ich weiß, andere Leute denken an ein liebliches Tal.

„Ein trockenes Flussbett", habe ich assoziiert, „unter dem das Wasser manchmal unterirdisch fließt. Meine Rachegedanken sind niemals versiegt."

Die Therapeutin nickte verhalten. „Und wie geht es Ihnen damit?"

Ich brauchte etwas Zeit für eine Antwort.

Eigentlich habe diesmal ich Ansgars Schicksal bestimmt, nicht andersherum. Er ist nicht mehr da. Und irgendwie macht mich das glücklich. Auf Französisch heißt das: Je suis heureux.

Leer

„Bist du bescheuert?" Enno läuft wie Rumpelstilzchen um mein Auto herum und gestikuliert. Seine Gesten variieren auf vielfältige Weise diesen einen Satz: *„Bist du bescheuert?"*

Irgendwann reißt er die Fahrertür auf. „Wir planen einen Coup! Was hast du dir gedacht?"

Genau kann ich es nicht erkennen – ist schließlich Nacht – aber kann sein, dass Enno Schaum vorm Mund hat.

„Du solltest eine unauffällige Karre besorgen!"

Wir haben uns die Aufgaben fein aufgeteilt. Enno hat den Einbruch geplant und sorgt für das nötige Werkzeug, ich soll eine unauffällige Karre besorgen.

Mir ist klar, was Enno sich erhofft hat. Dass ich ein Auto knacke und kurzschließe. Aber sowas liegt mir nicht. Ich habe mir stattdessen das Auto meines Arbeitgebers geliehen. Ich bin mit dem Leichenwagen hier.

„Die Karre fällt doch überall auf!", brüllt Enno mich an.

„Aber diese Karre wird niemals gestoppt!", halte ich dagegen. „Ich bin noch nie von der Polizei angehalten worden. Wegen Pietät."

Enno brummelt etwas. Wahrscheinlich ist ihm das Wort Pietät nicht bekannt. Es liegen Welten zwischen Enno und mir. Wenn es um Dinge geht, die man nicht anfassen kann, ist Enno total überfragt. Enno ist Maurer. Er haut Dinge um und baut Dinge auf. Das ist sein Leben. Mein Job ist um einiges komplexer. Uschi, meine Chefin, sagt immer, ich fänd' für alles die richtigen Worte. Und wenn ich die Leichen zurechtmach', sagt sie, kehre ich die Seele der Menschen hervor. Wenn es nach Uschi ginge, würde nur noch ich die Verstorbenen aufbahren, nicht ihr Mann Harald. Wenn es nach ihm ginge, würde ich noch weniger verdienen als ohnehin schon.

Ich verdiene wenig, aber ich liebe meinen Job. Als Bestatter hat man sehr viel mit Menschen zu tun. Und die meisten davon halten die Klappe.

Ich höre Enno fluchend zur Heckklappe gehen und mit dem Schloss hantieren. Es dauert, bis er die Tür aufhat.

„Ist nicht mehr taufrisch, der Wagen", rufe ich nach hinten. Eigentlich überflüssig zu sagen. Die Karre ist uralt und hat nicht mal ein ordentliches Firmenemblem. Könnte allerdings heute mal von Vorteil sein!

Weiteres Fluchen von hinten, dann schmeißt Enno sein Werkzeug in den Wagen und knallt die Heckklappe zu.

„Ich tue das alles für dich!", schnauzt er und lässt sich auf den Beifahrersitz fallen.

Das stimmt nur halb, eigentlich stimmt es überhaupt nicht, die ganze Idee stammt ursprünglich von Enno. Trotzdem grantelt er weiter. „Ich mache das, damit du endlich eine Chance bei Jenny hast."

Jenny ist meine Freundin. Wobei, eigentlich hab ich das Gefühl, sie ist es schon nicht mehr. Jenny hab ich kennengelernt, als Enno mich am ersten Tag meines Urlaubs in eine Auricher Disko geschleppt hat. Plötzlich hatte er zwei Mädchen am Start, Sandra und Jenny. Keine zwei Minuten und Enno hat mit Sandra geknutscht, dann nochmal drei Minuten und Jenny hing um meinen Hals. Das war ziemlich toll! Ich bin zwar über dreißig, aber allzu oft hab ich sowas nicht gehabt.

Jenny hat große Augen und ein ovales Gesicht. Als ich sie das erste Mal sah, wusste ich sofort, wie ich sie zurechtmachen würde, wenn sie erst tot wäre. Die Vorstellung hab ich aber ganz schnell verdrängt. Jenny war dann nämlich ziemlich lebendig.

Die nächsten zwei Wochen haben wir fast komplett in Jennys Wohnung verbracht und uns auch da auf mehr oder weniger zwei Quadratmeter beschränkt.

„Der Manni ist verliebt", hat Uschi nach meinem Urlaub gemeint und dabei traurig gelächelt.

Mit Jenny, das lief ziemlich unproblematisch, wir haben ja wenig geredet. Aber als dann der Urlaub vorbei war und ich wieder in Leer arbeiten musste, da hat sie wohl zum ersten Mal seit unserem Kennenlernen zu denken begonnen.

„Du hast gar kein Auto?“, hat sie gemeint. „Was verdienst du denn so?“

Sie ist fast aus den Latschen gekippt, als ich es gesagt hab, und danach war es dann irgendwie nicht mehr so gut. Ständig hat sie telefoniert mit einem Typen, Ratko hieß er, eine ganz große Nummer. Als ich es Enno erzählt hab, haben wir ihm mal aufgelauert, ein feingemachter Pinkel, mit Goldkettchen und so ‘nem Scheiß.

Ich hab Jenny gefragt, was das soll. Und Jenny hat gesagt, manche bringen es eben zu was. Enno hat dann von Sandra erfahren, dass Ratko ein Drogendealer ist. Seitdem habe ich um Jenny ein klein wenig Angst.

„Nimm dein Schicksal in die Hand!“, hat Enno gesagt. Und dann hat er die Sache mit dem Juwelier vorgeschlagen. „Doppelter Vorteil“, hat Enno erklärt. „Du kannst Jenny einen Brilli schenken und dann können wir den Rest noch verscherbeln.“

Halbe-halbe haben wir ausgemacht. Enno braucht auch Geld, er hat schon ein neues Mädchen am Start.

„Hast du an die Taschen gedacht?“, fragt Enno jetzt.

„Ja“, sage ich, auch wenn es so richtig nicht stimmt. Es sollten Reisetaschen sein, aber die habe ich nicht. Ich fahre nie in Urlaub. Stattdessen habe ich ein paar Müllsäcke in den Wagen gepackt, die gehen bestimmt auch.

„Die Sturmhauben?“

„Ja klar“, behaupte ich. Dabei sind es keine richtigen

Sturmhauben. Es sind zwei Kindermützen, eine in Blau und eine in Gelb. Aber sie sind wie Sturmhauben geschnitten, nur das Gesicht ist ausgespart. Ich habe sie von meinen Neffen geliehen und kann nur hoffen, dass die von Lukas über Ennos Kopf passt.

Wir fahren über Hesel nach Aurich, im Auto gehen wir den Coup noch einmal durch. Entscheidend ist, dass es schnell geht. Enno schlägt mit seinem Spezialwerkzeug die Scheibe ein, was hoffentlich klappt wegen Sicherheitsglas, dann geht der Alarm los. Danach haben wir noch vier Minuten Zeit, um möglichst viel Schmuck abzuräumen. Wir nehmen uns nur drei Minuten, haben wir beschlossen, wir wollen kein Risiko eingehen.

Wir werden immer stiller, je näher wir dem Juweliergeschäft kommen. Es liegt am Ende der Fußgängerzone, man kommt zügig weg.

„Nachher fährst du schneller", brummt Enno. Er sagt immer, ich fahre wie ein Greis. Ich fahre vorausschauend, so ist das nun mal. Einen eigenen Schlitten hab ich ja nicht, und wenn ich den Leichenwagen fahre, versteht es sich von selbst, dass ich würdevoll fahre.

„Ja klar", murmele ich. Es bringt nichts, mit Enno zu streiten.

Die Stadt ist gespenstisch leer, man sieht die Umrisse der großen Markthalle und den Fotoladen, von wo aus wir das Juweliergeschäft ausgespäht haben. Das Juweliergeschäft ist nur mit Sicherheitsbeleuchtung versehen, nachts um drei kommen keine Passanten mehr zum

Schaufensterbummel.

Wir sitzen eine Minute stumm im Wagen, genau an der Stelle, die wir uns ausgeguckt haben, fern von allen Kameras und weiterer Beleuchtung. Von hier kommt man über die Friedhofstraße gut weg. Die Friedhofstraße war mir sympathisch, passt ja zu meinem Beruf.

Enno zieht seine Handschuhe an, ich tue es ihm nach mit meinen weißen Sargträgerhandschuhen. Dann fasst mein Kumpel den Türgriff.

„Einen Moment noch!", bitte ich ihn. Das Gesicht des Juweliers zieht an mir vorbei. Er sah müde aus, als ich einen Blick in den Laden geworfen hab. Ich denke auch an Harald, meinen Chef. Er ist noch keine fünfzig, hat aber einen Herzschrittmacher und muss immer öfter pausieren.

„Die Sorgen ums Geschäft", hat er gemurmelt, als ich mal nachgefragt hab. Er kauft keinen neuen Wagen, er gönnt sich selbst nichts und spart auch an meinem Gehalt.

„Die Selbständigkeit bringt mich noch um", hat er noch hinterhergeschoben und ist in den Verabschiedungsraum geschlurft wie ein alter Mann.

Gegen Harald ist Uschi so frisch, wie kommen die beiden ehemäßig nur klar?

„Bist du endlich so weit?", fragt Enno genervt. Ich schiebe Harald beiseite, schiebe den Juwelier beiseite, schiebe alles Mitleid beiseite. Ich nehme mein Schicksal in die Hand!

„Stopp!“, sagt Enno, als ich die Fahrertür aufdrücken will.

Er hat recht, da kommt jemand die Fußgängerzone lang. Ein Mann, das sieht man an der Statur. Kommt er aus einer Kneipe und was hat er vor? Er bleibt keine zehn Meter entfernt an einem Mülleimer stehen, nimmt unser dunkles Auto nicht wahr. Dann kommt noch jemand, wieder ein Mann. Mit zügigen Schritten geht er auf den anderen zu. Sie stehen voreinander. Etwas passiert. Sie geben sich die Hand oder sie tauschen etwas aus, man kann es nicht erkennen.

Der eine Mann geht weg Richtung Zentrum, der andere steht da, entzündet eine Zigarette. Sein Gesicht wird kurz sichtbar, mein Atem stockt. Ratko!

„Das gibt‘s nicht“, sagt Enno und da hat er recht.

Ratko geht los. Er hat seine Zigarette entzündet und marschiert in unsere Richtung. Der Schweiß bricht mir aus. Enno offenbar auch, er sagt kein einziges Wort. Ratko passiert unser Auto. Wenn wir Glück haben, geht der Kelch an uns vorüber. Ich starre in den Seitenspiegel, Ratko ist jetzt am Wagen vorbei, doch dann bleibt er plötzlich stehen. Schaut zurück, auf unser Auto, stutzt. In meinem Kopf rattert es. Was hat Jenny ihm erzählt? Über mich? Über meinen Job? Oder wundert er sich nur allgemein über einen Leichenwagen in der Fußgängerzone? Er steht da, überlegt. Ich kann förmlich sehen, wie er grübelt. Dann geht er hinter den Wagen, er scheint auf das Nummernschild schauen zu wollen.

„Fahr los!“, brüllt Enno und greift zum Zündschlüssel. Ich kann gar nicht anders. Ich gebe Vollgas, der Punkt ist nur: Ich hab den Rückwärtsgang drin. Man hört einen Klatsch hinten am Wagen - und zwar einen lauten. Enno starrt mich an, ich starre Enno an. Es ist totenstill.

„Fahr!“, brüllt Enno, aber erstmalig tue ich nicht, was er sagt. Ich öffne die Tür, ich haste nach hinten, und da liegt er tatsächlich, Ratko, halb unterm Wagen, den Kopf irgendwie verdreht. Sofort kommt mir in den Sinn, wie ich ihn zurechtmachen würde. Ich würde den Fokus auf das Goldkettchen legen.

Ich fühle seinen Puls, keiner da. Fühle seinen Atem, nicht vorhanden. Ich schaue mich um. Kein Fenster erleuchtet, kein Zeichen von Leben. Was tun? Dann weiß ich es, ich habe schließlich einen Leichenwagen dabei. Rantere das Schloss offen, greife die Müllbeutel.

„Bist du bescheuert?“ Enno ist aus dem Auto gekommen. Er ist blass, er ist fahrig, und er ist sauer.

„Hilf mit!“, fahre ich ihn an.

Enno ist so verdutzt über meinen Ton, dass er tut, was ich sage. Wir stülpen Ratko von oben einen Müllbeutel über. Dabei fühle ich etwas Großes, Festes unter seiner Jacke. Ich öffne seinen Blouson und ziehe etwas heraus. Eine Nylontasche. Darin – Geld. Bündel von Fünfzig-Euro-Scheinen. Ratko hat eben einen Deal gemacht. Und zwar einen großen.

Enno lebt auf. „Hammer!“, sagt er. Und: „Gut, dass

wir nicht einfach losgefahren sind!“

Wir stülpen ihm noch von unten einen Müllsack über die Beine. Ein blauer Leichensack, den wir da ins Auto hieven. Man hat schon Schlimmeres gesehen.

Während ich mich mit der Heckklappe abmühe, steigt Enno schon ein. Und er steigt zur Fahrertür ein.

„Ich fahre nicht im Schritttempo weg!“, herrscht er mich an. Mir ist es recht. Bei mir setzt der Schock ein. Hinten liegt eine Leiche im Wagen. Das bin ich gewohnt. Nur, dass ich die hier selbst produziert hab!

Enno fährt los. Am Anfang zügelt er sich noch. Doch kaum haben wir Aurich hinter uns gelassen, tritt er aufs Gas. Er fährt nach Hause. Er denkt wohl, ich wüsste schon, was man mit Leichen so macht. Einmal geht er voll in die Kurve und muss dann schlagartig bremsen. Hinten rumpelt es heftig. Es klingt fast, als sei die Heckklappe offengesprungen. Nachgucken kann ich nicht. Die alte Karre hat ja kein Fenster zur Ladung.

Wenn die Klappe offen war, ist sie jetzt wieder zu, da klappert nichts mehr. Enno gibt erneut Vollgas. Nun wieder ein Rumpeln. Ich male mir aus, wie Ratko im Laderaum eine Billardkugel mimt. Aber vielleicht ist es auch nur Ennos Vorschlaghammer, der da so rummst.

Ich schließe die Augen, versuche an nichts mehr zu denken. Das geht eine ganze Weile gut. Dann werde ich von einer heftigen Übelkeit erfasst. „Halt mal an!“, keuche ich.

„Wir sind gleich da!“, schnauzt Enno.

„Halt an!“, wiederhole ich. „Oder soll ich mich in deine Richtung übergeben?“

Enno hält auf dem Standstreifen an und ich taumele nach draußen. Ich würge, aber es kommt nichts. Vor Aufregung habe ich den ganzen Tag nichts gegessen.

Ich lehne am Auto und lasse Revue passieren, was heute geschehen ist. Dahinten ist meine Stadt – kann ich da weiterhin ganz normal leben? Schließlich gehe ich zur Heckklappe und reiße sie auf.

Enno hat mich offenbar gehört, er macht die Fahrertür auf. „Was siehst du?“, herrscht er mich an.

Ich blicke ins Wageninnere, dann blicke ich rüber zur Stadt.

„Leer“, sage ich.

Den Rest der Strecke fahre ich. Ich fahre vorausschauend, mit Würde. In Leer bringe ich Enno nach Haus. Er packt sein Werkzeug, nimmt sich die Hälfte des Geldes, fast dreitausend Euro.

„Nimm dein Schicksal in die Hand!“, sagt er zum Abschied.

Ich sage nichts.

Die Meldung kommt erst am übernächsten Tag. Eine Leiche im Straßengraben zwischen Aurich und Leer, da wo die Straße einen Schlenker macht. Von organisierter Kriminalität ist die Rede und von Bandenkrieg. Und von einem Drogendealer, den man schon lange auf dem

Schirm hatte.

Die nächsten Meldungen sind eher privater Natur. Harald hat einen Schlaganfall gehabt. Im Krankenhaus folgt der nächste, den er nicht überlebt.

„Manni, ich brauche dich jetzt", sagt Uschi nach der Beerdigung und nimmt mich fest in den Arm.

„Ja, klar", sage ich, „wir kriegen das hin." So wie wir ja auch Haralds Beerdigung optimal hingekriegt haben.

Als Jenny anruft, weil sie mich plötzlich vermisst, muss ich passen. Ich habe sehr viel zu tun. Ich mache meine Arbeit und die von Harald gleich mit. Uschi und ich planen ganz wild. Von der Lebensversicherung will Uschi einen neuen Leichenwagen kaufen. Ich finde das gut. Der alte gefällt mir nicht mehr – allein schon wegen des Schlosses. Vielleicht machen wir neben unserem Firmenemblem auch noch einen Spruch drauf. Nur so als Gag. *"Der letzte Wagen ist immer ein Kombi"*.

Sicher ist: Auch ich werde mein Geld gut anlegen. Ich glaube, beim Juwelier in Aurich kaufe ich Uschi einen Ring.

Zelt-Therapie

Die Idee war ursprünglich von Eike gekommen, unserem Paartherapeuten. Wir hatten uns erinnern sollen, wann wir als Paar so richtig glücklich gewesen waren.

Der Frage war eine ziemlich lange Pause gefolgt.

„Zelten", hatte dann aber irgendwann Hartmut gemurmelt, „das war damals toll."

Das Zelten war noch vor unserer Ehe gewesen, also fast dreißig Jahre her. Trotzdem hatte sich Eike auf das Zelten gestürzt wie ein Verdurstender auf ein Glas Wasser.

„Zelten ... was genau ist Ihnen denn da noch im Kopf?"

Wieder hatte Hartmut lange gebraucht. „Dass man da so in der Natur geschlafen hat."

„Aah ... und wie haben Sie damals Ihre Frau wahrgenommen?"

„Meine Frau?" Hartmut schien sich erst jetzt zu erinnern, dass ich auch dabei gewesen war.

„Na, sie hat dieses einfache Leben mitgemacht, *damals.* Heute ist daran ja nicht mehr zu denken."

Ein Kinnhaken, wie wir sie hier ständig austeilten. Ich hätte hinzufügen können, dass Hartmut damals auch ein anderer gewesen war, ein dynamischer Typ, der den ganzen Tag barfuß und mit nacktem Oberkörper herumlief ...

Um ehrlich zu sein, war die ganze Paartherapie für den Eimer. Unser Therapeut tat mir regelrecht leid. Er war ein erfahrener Mann und gab alles, um uns zu retten.

„Sie freuen sich also, dass Ulrike damals alles mitgemacht hat", versuchte er nun zu vermitteln, nur um dann etwas ganz Verrücktes vorzuschlagen: „Könnten Sie sich vorstellen, heute noch einmal zelten zu gehen?"

Eike lächelte uns herausfordernd an.

„Wir haben kein Zelt", warf ich schnell ein.

„Doch, das haben wir noch", verbesserte mich Hartmut. Das konnte er gut, mich verbessern. „Liegt auf dem Dachboden, habe ich letztens noch gesehen, als ich die Ersatzpumpe fürs Aquarium gesucht hab." Hartmut verwahrte alles und jedes. *Konnte man ja vielleicht nochmal gebrauchen!*

„Sie haben also das Zelt noch", wiederholte Eike auf die ihm eigene Art, die bestimmt einen Sinn hatte, „und haben Sie auch den Elan, es damit zu versuchen?"

Er deutete auf das Flipchart, das wir in mühevollen Therapiesitzungen vollgeschrieben hatten. *„Spontan sein!"*, stand dort geschrieben, und: *„Sich etwas trauen!"*

„Trauen Sie sich?", fragte Eike sehr kreativ.

„Mmh ... weiß nicht ...", grunzte Hartmut gequält und fügte nach einer gefühlten Ewigkeit hinzu: „Na gut, können wir versuchen."

„Aha!", Eike wirkte euphorisch. „Wie sieht es bei

Ihnen aus, Ulrike? Sind Sie spontan?"

Was sollte ich tun? Bislang hatte ich immer Hartmut vorgeworfen, sich keinen Millimeter zu bewegen.

„… von mir aus … zelten wir eben."

Eike schlug sich begeistert aufs Knie. „Na, wenn das kein Fortschritt ist. Ich bin sicher, Sie werden beim Zelten Ihr blaues Wunder erleben!"

So viel kann man sagen: Eike behielt recht!

Zelten im Sauerland, das war Hartmuts Idee. Für mich klang das wie Schnorchelurlaub am Stausee Obermaubach. Oder eine Radtour an Deutschlands größten Mülldeponien entlang.

„Geheimtipp", behauptete Hartmut, „wir haben ja den Betriebsausflug vom Finanzamt ins Sauerland gemacht."

Unterschied: Das Finanzamt hatte in einem schicken Landgasthof logiert und nicht in einem Zelt, das nach dreißig Jahren Dachboden wie vergammeltes Blumenwasser roch.

„Und warum gerade heute?", fragte ich scheinheilig nach. Hartmut war an diesem Freitag erst spät von der Arbeit gekommen. Wir konnten frühestens zur Dämmerung im Sauerland sein.

„Ich brauche etwas Abstand", der Gatte ging sich fahrig durchs Haar, „und Manfred hat mir heute einen Zeltplatz empfohlen, ich bin sicher, der ist genau das Richtige für uns."

„Aha“, murmelte ich. Hartmut hörte sonst ja nicht so gern auf den konkurrierenden Kollegen, die Auszeit schien also dringlich zu sein. Abwesend packte ich meine Sachen zusammen.

„Unter zehn oder über zehn Quadratmeter?“ Der Platzwart am Naturcampingplatz Sorpe guckte ziemlich scheel, als wir mit einem Echtzelt eincheckten.

„Unter“, antworteten Hartmut und ich quasi synchron. Er wegen sparen, ich wegen genervt.

„Aha“, der Platzwart musterte Hartmut mit skeptischer Miene. Klar nahm mein Mann keine zehn Quadratmeter ein. Aber meine Wenigkeit musste ja irgendwie auch noch dazu.

„Sie haben ja schon angerufen und sich erkundigt“, sagte der Platzwart.

„Nee, haben wir nicht“, Hartmut brummte mehr, als dass er sprach.

Der Platzwart wirkte überrascht. „Okay, dann war das wer anderes.“ Er warf einen Blick auf seinen Plan. „Parzelle 24, und ich wünsche eine angenehme Nacht.“ Wenn man genau hinhörte, klang er ein wenig amüsiert.

„Gleichfalls!“, dröhnte Hartmut und klang dabei überhaupt nicht amüsiert. Da musste man gar nicht genau hinhören.

Gut, dass man uns eine Parzelle zugeteilt hatte! Wir waren die Einzigen weit und breit in einem Zelt – und auf der großen Wiese weithin sichtbar. Alle anderen Bewohner waren etwas entfernt in aufgemotzten Dauerwohnwagen untergebracht. So musste sich ein Renault Kastenwagen fühlen, wenn er zwischen Porsche Carreras geparkt war.

„Bist du dir sicher ...?", wagte ich zu fragen, als Hartmut den Zeltsack direkt am See auf den Boden gleiten ließ. Mit Blick auf die Luxuscaravans kam ich mir vor, als wollte ich in einem Sternerestaurant mein mitgebrachtes Butterbrot mümmeln. Tatsächlich schaute ein Paar just in diesem Moment interessiert zu uns herüber.

Sie saß im Klappstuhl, er hantierte mit einem Spaten herum.

„Natürlich bin ich mir sicher!" Noch während er sprach, zog Hartmut sein Handy heraus und warf einen besorgten Blick auf das Display.

„Alles in Ordnung?", fragte ich nach.

Hartmut fühlte sich sichtlich ertappt.

„Alles bestens", versicherte er, „im Büro ist nur ziemlich viel los."

Was für ein Schwachsinn! Mein Mann bekam nach Dienstschluss niemals Berufliches aufs Handy geschickt.

„Verstehe", bohrte ich trotzdem nicht weiter. Stattdessen schaute ich nach, ob im Zeltsack überhaupt Heringe waren.

Mein Eindruck, als wir das Liegen ausprobierten: Das Zelt war kleiner geworden. Es musste eingelaufen sein über die Zeit. Alles war zu klein. Auch Hartmuts Schlafsack. Da hatten wir doch damals zu zweit drin gelegen! Weil das damals ja auch noch Sinn ergeben hatte! Und jetzt? Hartmut kriegte seinen Schlafsack gar nicht richtig zu.

„Im Grunde hat das Zelt die Größe, die du für deinen Schlafsack brauchst", versuchte ich einen Witz.

„Sehr lustig!" Hartmut bewegte sich so unwillig auf unserer Doppelluftmatratze, dass auch auf meiner Hälfte ein Erdbeben stattfand.

Und schon wieder griff der Gatte nach seinem Handy.

„Was ist denn nun eigentlich los?", fragte ich nach. „Das Finanzamt meldet sich sonst nie am Wochenende – noch dazu, wenn du auf einem Romantiktrip bist!"

Okay, das mit der Romantik war gemein, aber ich wollte gemein sein.

Hartmut atmete tief aus. Dann gab er klein bei. „Ich bin doch an dieser Prüfung. Dieser Handy-Laden in der Innenstadt. Plus Shisha-Bar. Plus Imbiss. Alles Geldwäsche. Dahinter verbirgt sich ein ganzes Netzwerk, ein richtiger Clan, den ich aufgemischt habe. Manfred hat mich gewarnt. Einer der Hauptakteure hat eine Drohung gegen mich ausgesprochen. Er macht mich kalt, hat er gesagt."

„Sind wir deshalb hier?", fragte ich angsterfüllt nach. „Wolltest du deshalb weg von zu Hause?"

Hartmut nickte. Die ganze Matratze wippte dabei auf und ab. „Nicht weil ich Angst habe, sondern weil ich Ablenkung wollte."

Ablenkung, na toll!

„Und wenn *ich* Angst habe?", warf ich vorwurfsvoll ein.

„Das musst du nicht, ich bin ja da!"

Hartmut wollte sich auf der Luftmatratze zu mir umdrehen. Das klappte leider nicht, die Matratze war schlicht zu behäbig.

Wie beruhigend, dachte ich. Ich werde von einem Pottwal beschützt.

Das Abendessen nahmen wir im Lokal auf dem Zeltplatz ein, mit Blick auf den See. In einem hatte Hartmut jedenfalls recht: Das Sauerland war ein Geheimtipp. Mein Mann stand unter Spannung und gab sich die Kante. Als er ein weiteres Mal nachzapfen ließ, prostete uns das Paar vom Nachbartisch zu. Die beiden, die uns vorhin vom Wohnwagen aus beobachtet hatten.

„Kultiges Zelt", sagte der Mann, ein drahtiger Rentner mit Schnauzbart, „sowas habe ich lange nicht gesehen."

Hartmut wollte lospampen, aber ich legte ihm die Hand auf den Arm. „Ja, wir wollen die Vergangenheit aufleben lassen", ich knipste den Nachbarn ein Auge, „zweite Flitterwochen, wenn Sie verstehen, was ich meine."

„Aaah!“ Jetzt stieg die Stimmung am Nachbartisch rasant. „Und wir haben gedacht, das Zelt wäre zum Schlafen gedacht.“

Ein großes Hallo! Er hieß Klaus, sie Inge. Seitdem Klaus in Frühpension war, verbrachte man die warme Jahreszeit am See. Aber dass wir in unserem Alter im Zelt schlafen wollten …

„Aber kalt wird's euch ja nicht!“, fand Klaus gar kein schlüpfriges Ende. „Da hoffe ich mal, es wird heute Nacht für uns nicht zu laut.“

Hartmut hielt sich vollständig raus und gab sich weiter dem Bier hin. Er musste erst ran, als ich mit Inge auf dem Klöchen verschwand.

„Na, ihr seid ja verliebt“, konnte Inge sich beim Händewaschen nicht zurückhalten.

„Naja, ganz so toll ist die Stimmung nicht!“

Inge guckte mich im Spiegel erstaunt an. Ich erzählte ihr den Mist vom Finanzamt.

„Ach du liebe Zeit! Und ich habe gedacht, im Finanzamt langweilt man sich tot!“

„Leider nicht“, sagte ich und meinte es ernst. „Stell dir vor: Auf der Fahrt hierher hatte ich sogar den Eindruck, wir werden verfolgt. Hinter uns fuhr so eine schwarze Angeberkarre!“

Inges Augen wurden tellergroß.

„Aber pst!“, verschwörerisch legte ich meinen Finger auf den Mund. „Bitte kein Wort zu Hartmut. Er mag es nicht, wenn ich erzähle, wie gefährlich sein Job ist.“

Inge wirkte besorgt, nickte aber verständnisvoll. „Klaus war bei der Bundeswehr. Ich kenne mich mit Geheimhaltung aus."

Der Abend wurde fröhlich, der Abend wurde lang, vielleicht hatte Hartmut deshalb keine Lust, nachher noch zum Waschhaus zu gehen.

„Ich warte auf dich", lallte er mir nach und wollte wohl verheißungsvoll klingen. Was mich tatsächlich erwartete, als ich zurückkam, war gleichmäßiges Schnarchen.

„Hartmut?", testete ich, aber mein Mann schlief wie ein Stein. Wobei, ein Stein ist ja tot. Bis dahin würde es bei Hartmut noch ein klein wenig dauern.

Was mich im Zelt noch erwartete, war muffiger Geruch und eine Feuchtigkeit, die mich an Rheuma denken ließ. Wahrscheinlich wären meine Tempos am Morgen zu feuchtem Toilettenpapier mutiert. Wie sollte ich damit um meinen frisch verstorbenen Ehemann trauern?

Im Schlafsack lag ich wach und lauschte dem Summen einer Mücke. Ein Wunder, dass sie sich in dieses muffige Zelt hineingetraut hatte. Mit Mücken hatte sich einiges geändert, fand ich.

Früher hatte man geflucht, wenn man morgens zerstochen aus dem Zelt gekrochen war. Jetzt, zu Zeiten des Insektensterbens, galten Mückenstiche als Blutspende an eine bedrohte Art.

Irgendwann verschwand das Vieh durch den geöffneten Eingang und eine Windböe strich sanft übers Zelt, die mich in die Vergangenheit trug zu unserem Frankreichurlaub vor dreißig Jahren. Ein Campingplatz in der Nähe von Avignon, wir hatten abends in den Sternenhimmel geschaut und uns jede Nacht geliebt. Was war seitdem mit uns passiert?

Hartmut war kleinlich und sparsam geworden und nebenbei ein Berg von einem Mann, wobei er für Letzteres verschiedene Theorien parat hielt: „Den ganzen Tag im Büro, wenig Bewegung und viel Stress – natürlich legt man da zu!"

Und warum bitteschön war dann Manfred, Hartmuts Kollege, immer noch durchtrainiert und auf Zack? Aber gegenüber Hartmut verlor ich über die Attraktivität seines Kollegen kein Wort.

Ich drehte mich auf die Seite, fühlte zum hundertsten Mal nach meiner Stirnlampe. Alles an seinem Platz, nachher musste jeder Griff sitzen. Seufzend schloss ich die Augen, für den nächtlichen Besuch war es bei weitem zu früh.

Ich fuhr aus einer Art Halbschlaf hoch, als das Käuzchen plötzlich rief. So sehr ich auf das Zeichen gewartet hatte, so erschreckte es mich jetzt.

Vorsichtig kroch ich aus dem Schlafsack, nahm meine Stirnlampe, zog die Turnschuhe heran. Ein letzter Blick auf Hartmut.

„Lebe wohl“, flüsterte ich, obwohl die Formulierung kein bisschen passte.

Egal, jetzt zügig hinüber zum Klo. So war es besprochen. Ich wollte nicht dabei sein, wenn es passierte. Auf der Toilette überkam mich ein Zitteranfall. Hatte ich alles richtig gemacht? Ich hatte auf Hartmuts Idee, ganz spontan zelten zu gehen, überrascht reagiert. Ich hatte besorgt getan, als er das mit dem Clan erzählt hatte. Und alles Weitere hatte ich noch richtiger gemacht als vorher besprochen: Ich hatte unsere Campingplatz-Nachbarin Inge informiert!

Inge wusste nun, was für ein verliebtes Pärchen wir waren. Inge wusste von Hartmuts Bedrohung. Inge wusste, dass uns angeblich ein Wagen gefolgt war. Sie würde meine Aussage stützen. Wenn ich nur einfach der Sache ihren Lauf ließ.

Ein Tohuwabohu riss mich aus meinen Gedanken! Ein Schrei, ein Knall, das Kreischen einer Frau, alles ganz anders als geplant, was um Himmels willen war denn da im Gange? Ich rannte los, stolperte fast auf dem Weg zu unserem Zelt.

Dort wurde ich schon von einem Lichtstrahl empfangen und von hektischem Reden.

„Ulrike!“, Inge war völlig aus dem Häuschen. „Stell dir vor, man hat euer Zelt überfallen!“

„Oh Gott“, stotterte ich. Stottern war gut. „Was ist denn passiert?“

„Das darfst du nicht sehen!“ Inge blockierte den Zelteingang, so dass ich nur einen halbdunklen Ausschnitt erhaschte. Hartmut lag verrenkt und regungslos da. Das zumindest hatte geklappt.

„Was ist – mit Klaus?", haspelte ich weiter. Ich hörte ihn neben dem Zelt telefonieren.

„Er konnte nicht schlafen", Inge überschlug sich beinah. „Das Schnitzel. Er verträgt das schwere Essen abends nicht."

Ich drängte mich an Inge vorbei Richtung Klaus, der noch immer neben dem Zelt telefonierte.

„Nicht!", sagte Inge erneut. „Klaus hat den Spaten genommen, um nach dem Rechten zu sehen."

Ich stolperte um die Ecke, blieb abrupt stehen, als dort jemand lag, blutüberströmt. Klaus hatte dem Eindringling gehörig eins übergebraten.

„Zeltplatz 4", hörte ich ihn jetzt gepresst ins Handy sprechen. „Polizei, Rettungswagen, wobei – für medizinische Versorgung ist es zu spät."

Ich schaute auf den leblosen Manfred. Ihm war die Pistole aus der Hand gefallen, die Pistole mit dem Stoßdämpfer, die er bei der Steuerprüfung hatte mitgehen lassen. Die Pistole, die unsere gemeinsame Zukunftsplanung in Gang gesetzt hatte: die Steuerprüfung nutzen, den Zeltvorschlag konkretisieren, Hartmut ins Jenseits befördern.

Manfred hatte alles perfekt geplant: Um diese Jahreszeit war hier nichts mehr los. Die Bedrohung durch den Clan so diffus wie real. Hartmut im Zelt ein hilfloses

Opfer. Dass ein Nachbar sein Schnitzel nicht vertragen würde – wer konnte das ahnen?

Nun lag Manfred da wie ein Stein. Ja, für medizinische Versorgung war es zu spät.

Eike sah mich mitfühlend an. Er hatte angeboten, mich in der Trauer zu begleiten. Das hatte ich dankbar angenommen. Ich brauchte ihn jetzt. Seine strukturierte Art. Seine positive Grundeinstellung. Seine männliche Ausstrahlung.

„Nach einem traumatischen Vorfall ist alles anders", erklärte er jetzt. „Zukunftspläne, die man geschmiedet hat, haben sich in Luft aufgelöst, Menschen, mit denen man vorher Zeit verbracht hat, zeigen sich plötzlich nicht mehr."

Ich nickte zustimmend. Eike hatte so recht!

„Umso mehr möchte ich versuchen, mit Ihnen Alternativen zu sehen."

Eike brachte immer alles so gut auf den Punkt. Alternativen sehen, das war die Herausforderung! Und seit den Therapiesitzungen hatte ich die Alternative buchstäblich vor Augen.

Eike sah mich aufmerksam an. „Ulrike, gibt es im Moment irgendetwas, worauf Sie sich freuen, wenn Sie morgens die Augen aufschlagen?"

Ich zögerte mit meiner Antwort, wollte nicht zu viel riskieren.

Eike nahm das wahr. Natürlich nahm er das wahr. Er war ein empathischer Mensch.

Sanft beugte er sich jetzt zu mir vor. „Möchten Sie mir sagen, was das ist?"

Ich sah auf das Flipchart. *„Spontan sein!"*, stand dort geschrieben, und: *„Sich etwas trauen!"*

„Unsere Therapiestunden", brachte ich mühsam heraus.

Eike schaute mich an, überrascht, aber nicht erschrocken. Dann griff er behutsam meine Hand. Ein warmes Gefühl durchflutete mich, ein Gefühl, das ich von nun an öfter spüren wollte.

„Wir schaffen das", sagte Eike flüsternd.

„Ja, wir schaffen das", gab ich ihm recht. Solche Wiederholungen fand Eike ja toll.

Die Welt ein Dorf

„Die Chinesen wollen unser Dorf kaufen!“

Ich weiß nicht, wann zuletzt eine Nachricht bei uns so eingeschlagen ist. Nicht, als Karo Grendel bei ihrem Friedhelm ausgezogen und zwei Häuser weiter bei Günter eingezogen ist. Nicht, als Horst auf dem Schützenfest nachts um vier im Kleid seiner Frau aus dem Klo kam. Und nicht bei Anni Manteis erster Fahrt mit ihrem zitronengelben Porsche durchs Dorf.

„Die Chinesen wollen unser Dorf kaufen!“

Klar, die Chinesen haben hier im Sauerland bereits etliche Firmen gekauft, auch schon Wald und angeblich sogar ein Schloss. Aber unser Dorf? Das übersteigt das Vorstellungsvermögen. Oder es setzt etwas in Gang.

Frau Schnelle sieht nicht gut aus. Naja, wahrscheinlich sieht niemand gut aus, wenn er gerade einen fünf Meter hohen Maibaum auf den Deetz gekriegt hat.

Leider sehen auch die anderen nicht gut aus. Blass. Verstört. Unter Schock.

Kein Wunder, das sollte ein geselliges Dorf-Event werden, stattdessen eine Tote und viele, die das mitansehen mussten. Und jetzt auch noch dieser Typ von der Kripo, der sich hier in unsere Runde drängt, Merschmann oder wie er heißt. Der tut, als sei das alles kein tragisches Unglück, sondern – ja, was?

Wir sitzen auf dem Dorfplatz, in der Sitzgruppe aus Baumstämmen, die wir neben der Wildblumenwiese angelegt haben. Merschmanns Leute wuseln noch immer hinten am Maibaum herum: Kriminaltechnik, Spurensicherung und was es sonst noch alles gibt. Wir sind hier ein bisschen abseits und werden gemeinsam befragt.

„Vielleicht können Sie mir dieses *„Ritual“* nochmal erklären“, sagt Merschmann jetzt – in einem Ton, der andeutet, dass er unser Maibaumaufstellen in einer Reihe sieht mit der Hexenverbrennung im Mittelalter und umtanzten Ginseng-Wurzeln bei neuseeländischen Naturvölkern.

„Unser *„Ritual“*, sage ich deshalb gereizt, „ist eigentlich ganz einfach. Fünf Vertreter aus unseren Vereinen ziehen den Maibaum an einem Seil hoch. Ein Buiterling wiederum –“

„Ein was?“, werde ich vom Kommissar brüsk unterbrochen.

„Ein Buiterling“, erkläre ich sachlich, „ist kein Schmetterling, sondern ein Zugezogener.“

„Ein Zu-ge-zo-gener?“, der Kommissar spricht es aus wie ein Fremdwort.

„Der Buiterling“, versuche ich mich nicht aus der

Ruhe bringen zu lassen, „zieht nicht mit am Seil, sondern stemmt von unten den Maibaum nach oben."

Merschmanns Blick spricht Bände. Er hält uns alle für bekloppt.

„Es ist ein symbolischer Akt", mache ich mir die Mühe zu erklären, „fünf gestandene Dörfler –"

„– und Dörflerinnen", ergänzt Moni, die sich heute in einen Sport-Dress gezwängt hat, der eindeutig noch aus der Aerobic-Ära stammt, „weil wir hier im Dorf nämlich total gleichberechtigt sind."

„Sogar im Schützenverein", fügt Gudrun hinzu, „da dürfen Frauen seit neuestem nämlich auch Mitglied werden."

Es freut mich, dass sie die Fortschrittlichkeit unseres Dorfes betonen. Leider sagt dann Erwin: „Ich war dagegen."

„Zu unserem Brauch", versuche ich Merschmanns Aufmerksamkeit wiederzugewinnen. „Der Buiterling muss sich besonders beweisen. Gleichzeitig ist es eine Ehre, den Baum von unten zu stemmen!"

„Eine Ehre?", Merschmanns Blick wandert hinüber zur Unglücksstelle, wo Frau Schnelle, unser Buiterling, gerade von seinen Kollegen unter dem Maibaum rausgekratzt wird.

„Wer stand am Seil?", will er jetzt wissen.

Als spielte das eine Rolle! Das Seil ist gerissen! *Das* war das Problem! Vor allem *Frau Schnelles* Problem. Ist doch egal, wer da am Seil gestanden hat.

„Als Erstes Michael Grundig“, erkläre ich, „unser stärkster Mann.“ Micha blickt ein wenig verschämt, aber er ist Vorsitzender vom Sportverein und wirklich topfit. Im Grunde ziehen er und ich den Maibaum alleine. Micha ist nicht im Sportdress wie seine Moni, er hat sich schick gemacht für das Maibaumaufstellen. Taubenblauer Blazer. Etwas zu groß, aber immerhin Blazer. Dazu eine Bundfaltenhose, mit der allerdings etwas nicht stimmt. Ich würde gern von einer flotten 7/8el-Länge sprechen, aber „sattes Hochwasser“ trifft es wohl besser.

„Dahinter stand ich“, setze ich fort, „Ralf Rothoff, Ortsvorsteher hier im Dorf, dann kam Erwin Sossmann, Ehrenoberst im Schützenverein.“

„Und Vorsitzender vom HLGV“, setzt Erwin hinzu.

„HLGwas?“

„Heinrich-Lübke-Gedächtnis-Verein“, sagt Erwin stolz. Er hat eine Cordhose an, die mit roten Hosenträgern so hochgezogen ist, dass durch die Hose hindurch problemlos eine urologische Untersuchung stattfinden könnte.

Der Kommissar zieht die Stirn kraus, ob wegen HLGV oder wegen Urologie kann ich nicht sicher sagen. Wegen HLGV könnte ich sogar verstehen.

Der Verein hat nur sechs Mitglieder, und die anderen fünf haben nur Ja gesagt, um nicht länger von Erwin belästigt zu werden.

„Hinter Erwin stand Gudrun Berings“, erkläre ich

weiter, „sie zieht für die Landfrauen am Seil." Gudrun strahlt, was zu ihrem gepunkteten Sommerkleid passt.

„Dahinter Hanni Paul." Sie zieht eigentlich gar nicht, möchte ich sagen, aber das geht natürlich nicht. Hanni wollten wir dabeihaben, weil es ihr gerade nicht gutgeht. Sie ist Vorsitzende vom Blumen- und Gartenverein, aber seit Alfreds Tod ziemlich neben der Spur.

Hanni ist in Ohnmacht gefallen, als das mit dem Maibaum passiert ist. Eigentlich haben sich dann alle mehr um Hanni gekümmert als um Frau Schnelle, denn die war ja sowieso tot.

„Hanni ...", Merschmann hat wieder diesen Ton drauf, der besagt, dass er das alles sehr merkwürdig findet, „von Hanni kommt ja auch das Seil."

„Nicht von Hanni", insistiere ich, „das Seil kommt von Alfred, ihrem verstorbenen Mann."

„Und der hat das Seil aus dem Grab angereicht?", fragt der Kommissar grätzig.

„Das Seil liegt bei Alfred und Hanni im Schuppen", ich mache eine vage Handbewegung zum Hanni-Grundstück hin. Sie bewohnt das Bürgermeisterhaus, das Vorzeige-Fachwerk im Dorf, auf der anderen Seite vom Dorfplatz. Wir sind insgesamt gut bestückt: schnucklige Häuschen, hübsche Gärtchen, das, was man am Sauerland liebt, aber Hannis Grund und Boden – sie hat ja noch zwei Grundstücke im Dorf – sind die Kronjuwelen des Ortes, auch wenn sie das nicht genau weiß.

„Wer hat es dort rausgeholt?“

Mich stört, dass der Kommissar alles so genau wissen will. Hier ist ein tragisches Unglück passiert, das ist für das Dorf schlimm genug.

„Ich nicht“, sagt Micha, „Moni hat am Freitag eine neue Küche gekriegt.“

Der Kommissar sieht Micha an, als habe der gerade berichtet, dass er freitags immer nackt zur Arbeit geht. „Moni hat eine neue Küche gekriegt???“, wiederholt Merschmann irritiert.

Micha weiß nicht, was er falsch gemacht hat, ich habe zumindest eine Ahnung. Das geht in dieselbe Richtung wie Erwin und die Frauen im Schützenverein.

„Moni ist meine Frau“, sagt Micha zur Erklärung.

„Micha hat an der Küche noch etwas geschraubt“, sagt Moni zur Erklärung.

„Micha kann immerhin gut Eier backen“, sage ich zur Erklärung.

„Wer hat das Seil aus dem Schuppen geholt?“, fragt Merschmann genervt.

„*Hanni* hat das Seil aus dem Schuppen geholt“, kürze ich das Ganze ab. Es bringt ja nichts, wenn jeder sagt, dass er es *nicht* gemacht hat, auch wenn es in WhatsApp-Gruppen genauso so läuft:

„Wer kommt heute zum Training?“ „Ich nicht, bin gerade am Lago Maggiore.“ „Ich auch nicht, muss die Kinder aus dem Ferienlager holen.“ „Ich hab Magen-Darm! Grüße in die Runde!“

„Hanni …“, sagt Merschmann in einem Ton, der nicht angebracht ist. Hanni ist achtundsiebzig und nun wirklich der harmloseste Mensch auf der Welt. Der Kommissar allerdings tut so, als wäre Hanni nicht die Abkürzung von Hannelore, sondern von Hannibal Lector.

„Weil ich sie drum gebeten habe“, stelle ich klar. „‘Hanni‘, habe ich gesagt, ‚am Samstag wird der Maibaum aufgestellt, bitte leg schon mal das Seil vom Alfred bereit!‘“

„Und das hat Hanni gemacht?“, fragt der Kommissar, als hätte die alte Hanni mir ein Sturmgewehr beiseitegelegt.

„Natürlich“, sage ich ruhig, „das läuft ja jedes Jahr gleich ab.“

„Es konnte ja niemand wissen, dass Alfred das Seil mit Gaffa Tape geflickt hat“, geht nun Micha dazwischen. Völlig überflüssig das!

„Mit Gaffa Tape geflickt?“, wiederholt Merschmann, als hätte man ihm gerade erklärt, wie man bei uns im Dorf aus Büroklammern, Fanta und Nagellack einen Corona-Test bastelt.

Natürlich war das mit dem Gaffa Tape keine gute Idee, das wissen wir auch. Am besten weiß das natürlich Frau Schnelle, die den Maibaum auf den Deetz gekriegt hat.

„Alfred“, versuche ich deshalb zu erklären, „war in den letzten Jahren nicht gut beieinander. Also, besonders im Kopf."

Merschmann blickt in die Runde, als würde das auf uns alle zutreffen.

„Dement", füge ich sicherheitshalber hinzu.

Der Kommissar lässt sich das durch den Kopf gehen. „Und der demente Alfred war zuständig für Ihr Seil?", sagt er schließlich. Aus seinem Mund klingt das immer alles so absolut.

„Er ist ja tot", stelle ich klar, „und vorher war mit dem Seil immer alles in Ordnung."

Der Kommissar nickt, aber es ist kein echtes Nicken. Es ist ein *Wie doof seid ihr eigentlich?* – Nicken. „Und Sie haben sich nicht gewundert, dass da am Seil Gaffa Tape war?"

„Nein", sagt Gudrun selbstbewusst, „weil daran immer schon Gaffa Tape war. Alfred hat es genutzt, um die Abstände zu markieren, die Abstände, in denen wir uns am Seil positionieren."

„Fünf Leute aus dem Dorf", wiederhole ich zum besseren Verständnis, bei den Städtern weiß man ja nie.

„Sie fünf haben am Seil gezogen", rekapituliert der Kommissar mit Blick in die Runde, „und Frau Schnelle hat von unten gestemmt – besondere Ehre! – und dann ist das Seil ganz plötzlich gerissen."

„Ja, das war schrecklich", sagt Moni betrübt, „weil wir ja durch den Ruck alle hingefallen sind."

„Und auch wegen Frau Schnelle", füge ich fix hinzu, „denn die war ja noch stärker betroffen."

„Kann man so sagen!", Merschmanns Ton ist blanker Sarkasmus.

„Tragischerweise stand Hanni ganz am Ende des Seils", Monis Sinn für Sarkasmus ist nicht sehr ausgeprägt, „deshalb sind wir alle über sie drüber gepurzelt."

„Und sie ist ja nicht mehr jung", fügt Gudrun hinzu.

„Naja", brummt Erwin, „Hanni ist mein Jahrgang."

„Okay", korrigiert Gudrun, „sie ist richtig alt."

„Hat sich denn auch irgendjemand um Frau Schnelle gekümmert?", will Merschmann wissen.

„Ja klar", sage ich, „aber viel war nicht zu tun, denn sie war ja dann tot."

„Während Hanni nur ohnmächtig war", bringt Erwin ein.

„Pascal hat ihr dann Riechsalz verabreicht", sagt Micha.

Der Kommissar lässt sein Notizbuch sinken. „Riechsalz? Das ist nicht Ihr Ernst!"

Keiner antwortet, bis der Kommissar fragt: „Wer ist Pascal?"

„Pascal Schubert", versachliche ich, „Zweiter Vorsitzender des Blümchenvereins."

Ich sehe mich um. Pascal sitzt noch immer mit Hanni auf der Bank vor ihrem Haus und hält ihr die Hand. Mit seinem rosa Hemd sieht er selbst aus wie ein Blümchen.

Der Kommissar folgt meinem Blick. „Riechsalz?", wiederholt er fassungslos. „Das kenne ich aus *„Arsen und Spitzenhäubchen"*. Kein Mensch hat doch heute noch Riechsalz."

„Doch, Pascal!“, sagt Gudrun. „Der hat solche Sachen.“

Die Bemerkung bleibt einfach so stehen.

„Pascal ist ein Sammler“, versuche ich weiter den Ruf unseres Dorfes zu retten. „Er hat auch ein Butterfass. Und ein Spinnrad. Er hortet altes Zeug.“

Und dann tritt einer von Merschmanns Leuten heran, er winkt den Kommissar aus der Runde heraus, sie gehen ein paar Schritte und sprechen angeregt miteinander.

Als Merschmann zurückkommt, starrt er zunächst eine Weile vor sich hin und sagt nichts. Dadurch bekommen seine ersten Worte eine Wahnsinnsbedeutung. „Mann Mann Mann“, sagt er, also das sind die Worte. „Was wissen Sie über Frau Schnelle?“

„Sie hatte wunderbare Scharlachfuchsien“, bringt Gudrun lächelnd ein, „damit hat sie im Blumen- und Gartenverein richtig gepunktet.“

Gudrun kann sehr naiv lächeln, obwohl sie absolut geschäftstüchtig ist. Städtern verkauft sie nicht nur Kaminholz. Sie verkauft ihnen auch, dass sie ihr Holz selbst hacken dürfen. Fünfzehn Euro die Stunde für diese ländliche Plackerei.

„Sie war gut beim Spinning“, sagt nun Moni, „und im Sportverein hat sie auch gleich ein Amt übernommen.“

„Es ist toll, wenn Zugezogene sich im Dorf engagieren“, will ich den Sack zumachen, aber dann kommt noch Erwin: „Sie interessierte sich sogar für den HLGV.“

Ich verfluche Erwin und beobachte Merschmann besorgt. Schöpft er Verdacht? Bei mir war es so: Als Vroni Schnelle anfing, sich für den HLGV zu interessieren, wusste ich: Da stimmt etwas nicht!

„Sind Sie über Veronika Schnelles Berufsleben informiert?", will der Kommissar wissen.

„Berufsleben?", fragt Erwin, als sei allein das schon überraschend.

„Ihnen ist nicht bekannt, dass Frau Schnelle Immobilienscout war?"

„Immobilienscout", wundere ich mich, „heißt so nicht ein Internetportal?"

„Es heißt, Frau Schnelle habe hier im Dorf nach Immobilien für chinesische Investoren gesucht! Die wollen hier richtig was aufziehen, eine Art Freizeitpark heißt es."

Allgemeines Entsetzen, Raunen, Aufregung.

„Die Chinesen?", fragt Gudrun.

„Hier im Dorf?", fragt Moni.

„Weil's bei uns so schön ist?", fragt Micha.

Und Erwin sagt: „Das hätte Heinrich Lübke nicht gewollt!"

Merschmanns Augen sind zu Schlitzen gezogen. „Angeblich hat Frau Schnelle einen Vorvertrag mit Hannelore Brennert gemacht, über ihr Haus und zwei Baugrundstücke, die sie auch noch besitzt. Das sagt ein Geschäftskontakt, den wir auf ihrem Handy aufgetan haben. Aber die Kollegen waren in der Wohnung, dort findet sich kein Vertrag!"

„Das ist ja verrückt“, sage ich, „mit mir hat Hanni auch einen Vertrag über ihr Haus abgeschlossen.“

„Wie?“, Merschmann springt mir beinah ins Gesicht.

Ich hebe unschuldig die Hände. „Hanni wird das alles zu viel, sie ist ja schon alt.“

„Naja“, ein Brummen von Erwin.

„Ich habe ihr die Wiese an der Kirche abgekauft“, sagt nun Gudrun.

Micha kratzt sich am Kopf. „Und der Sportverein ist an der Weide neben dem Vereinshaus interessiert.“

Merschmann blickt von einem zum anderen. Dann murmelt er etwas und läuft ohne ein weiteres Wort rüber zu Hanni. Es wird ihm nichts nützen, auch Blümchen ist gut instruiert.

Jeder hier hat seine Rolle, alles hat seine Funktion. Hosenträger, Blazer und Riechsalz. Sportdress, Blümchen und HLGV. Für das Wohl unseres Dorfes sind wir gerne die Doofis vom Land.

„Die Chinesen wollen unser Dorf kaufen!“

Ich weiß nicht, wann zuletzt eine Nachricht bei uns so eingeschlagen ist. Alle waren entsetzt. Zwar freuen wir uns immer über Zuzug, egal ob aus China oder dem Dorf nebenan, aber ein sauerländisches Disney wollen wir hier nicht.

Hanni hat sich von Frau Schnelle über den Tisch ziehen lassen, sie ist eine alte Frau und manchmal schrecklich naiv.

Als wir ihr erklärt haben, was wirklich werden soll aus ihren Schätzen, war sie verständlicherweise entsetzt. Nur wie den Vorvertrag rückgängig machen? Wir haben gemeinsam überlegt und am Ende Frau Schnelle die Buiterling – Ehre erwiesen. Pascal war in ihrer Wohnung, weil er auch Dietriche sammelt.

Und Hanni selbst war es, die das Seil präpariert hat.

Hanni … der Name mag zwar von Hannelore abgeleitet sein, aber ein bisschen was von Hannibal Lector hat Hanni definitiv.

Mitgenommen

Weihnachten ist schlimm. Immer. Damals haben alle gesagt: Das *erste* Weihnachten ist schlimm, das erste Weihnachten ohne Christine. Aber das stimmt nicht. Weihnachten ist immer schlimm, auch noch im einundzwanzigsten Jahr. Weil sie nie gefunden wurde. Noch immer denke ich, dass sie vielleicht lebt. Dass sie Weihnachten überraschend vor der Tür steht. „Hallo Mama, du hast dir doch nicht etwa Sorgen gemacht?"

Doch, Christine, ich habe mir Sorgen gemacht. Seit einundzwanzig Jahren mache ich mir Sorgen. Deine Heimfahrt aus der Disko habe ich immer wieder durchlebt. Fast jede Nacht habe ich Typen gesehen, die dich mitnehmen wollten und zudringlich wurden. Die dich im Straßengraben abgelegt haben, zwischen dem Point *und unserem Dorf. Aber genauso habe ich dich in meinen Träumen nach Neuseeland auswandern sehen, nach Haiti, Island und Wales.*

Genau deshalb kann ich nicht ausziehen. Rainer hat schon nach vier Jahren die Segel gestrichen. „Ich halte das nicht aus", hat er gemeint und sich in der Stadt eine Wohnung gesucht. Später dann auch eine Freundin. Mein Mann hat sich tatsächlich noch einmal verliebt, ich gelte im Dorf als verrückt, vielleicht ist das dasselbe?

Auf jeden Fall bleibe ich hier. Wenn Christine vor der Tür steht, soll sie sehen, dass jemand auf sie wartet. Ihre Mutter, mit der sie am Tag vor ihrem Verschwinden Streit gehabt hat.

Aber Weihnachten ist hart, immer ist es hart, besonders Heiligabend. Dreimal habe ich mir gestern eingebildet, dass es an der Tür klopft. Dass Christine draußen steht, eine reife Frau inzwischen, beinahe vierzig. Ich bin zur Haustür gehastet, aber da war niemand, außer dem Wind.

Rainer hat sich mittags gemeldet und gefragt, wie es mir geht. Ob ich es schaffe, auch ein bisschen zu feiern.

Ich bin dann einkaufen gefahren, um mir etwas kochen zu können. Ich war eine der Letzten im Laden, die anderen saßen vermutlich zu Hause und sangen. Und da habe ich dann Hans-Georg Schneider getroffen, den alten Landwirt aus dem Nachbardorf. Er kaufte sich ein Fertiggericht, und da war etwas, das uns verband. Sein Sohn Hermann ist auch schon viele Jahre tot, seine Frau starb nicht viel später – angeblich an Krebs, ich sage: aus Gram. Wenn dein Sohn und Hoferbe in einer Jauchegrube umkommt, willst du nicht mehr.

Und auch Hans-Georg Schneider wirkt gezeichnet. Angeblich sind seine Äcker verpachtet, und er lebt allein auf dem Hof. Er ist alt und wartet, dass es vorbei ist.

Kurz sieht er mich an, als ich ihm an der Kasse wiederbegegne. Etwas durchzieht sein Gesicht, Mitleid,

Schmerz, ein Erkennen. Vielleicht ist er der Einzige, der mich versteht. Der weiß, was ich durchgemacht habe. Wie es sich anfühlt, sein Kind zu verlieren. Und trotzdem weitermachen zu müssen.

Ich möchte ihm Frohe Weihnachten wünschen und weiß doch, dass Frohsein bei uns nicht mehr geht. So spüre ich nur, wie der Augenblick verstreicht. Er nickt noch einmal, dann ist er weg.

Das Bedürfnis, mich mit ihm zu verbinden, ist auch heute noch da, ich habe noch nie mit ihm gesprochen. Ich habe auch keine Selbsthilfegruppe besucht, obwohl mir die Therapeutin mehrfach dazu riet. Immer habe ich alles mit mir selbst ausgemacht, doch gestern - im Gesicht von Hans-Georg Schneider – habe ich zum ersten Mal etwas gesehen, das vielleicht hilft. Ich habe meinen eigenen Schmerz wiedererkannt. Ich möchte ihm nicht Frohe Weihnachten wünschen. Ich möchte ihm sagen, dass ich weiß, was er fühlt.

Es gibt keine Klingel bei Hans-Georg Schneider. Bauernhof, Alleinlage, vielleicht, weil hier sowieso niemand hinkommt.

Im Warten merke ich, was uns unterscheidet. Christine wurde niemals gefunden. Ihre Freundinnen sagen, sie wollte in der Disko nicht bleiben, vielleicht noch anderswohin oder nach Hause. Seitdem sie das *Point* verlassen hat, hat niemand mehr sie gesehen. Deshalb hat die

Polizei uns lange vertröstet. „Die kommt wieder", haben sie gesagt, „die ist achtzehn, die tobt sich aus und kommt dann zurück."

Erst nach drei Tagen sind sie aus den Puschen gekommen. Dann wurden Suchaktionen gestartet, Leute befragt, sogar ins *Aktenzeichen XY* hat Christine es geschafft. Aber niemand hat sie je mehr gesehen. Sie hat nicht zum Trampen an der Straße gestanden und tauchte in keinem anderen Club auf. Christine war einfach weg. Deshalb war sie für mich nie verloren.

Der Sohn von Hans-Georg Schneider dagegen wurde geborgen, das war für jeden in der Zeitung zu lesen. Die Güllegase haben ihn offenbar betäubt, sowas passiert bei den Bauern immer wieder. Sie haben die Grube abgepumpt und seinen Leichnam gehoben. Die Schneiders konnten ihren Jungen begraben. Der alte Landwirt wartet nicht mehr. Wartet bestenfalls, dass er seinen Leuten nachfolgen kann.

Ich drücke die Klinke, die Haustür ist auf.

„Hallo?", rufe ich in eine bäuerliche Diele hinein. „Hallo, ist da irgendwer?"

Es ist der erste Weihnachtstag, kurz vor Mittag. Was macht ein alter Bauer, der nichts mehr erwartet? Liegt er im Bett? Geht er seine Felder ab? Steht er auf dem Friedhof?

Ich lausche noch einen Moment in die Stille hinein und ziehe dann die Tür wieder zu. Sehe mich draußen um, frage mich, was man mit der Jauchegrube gemacht hat.

Der Hof ist herausgeputzt, als hätte man ihn für den Verkauf schick gemacht. Die Scheune wirkt wie von außen gestriegelt. Der ehemalige Stall, als hätte er nie Schweine gesehen.

Und dann steht er plötzlich da, Hans-Georg Schneider, in Kordhose, Schlappen und Troyer. Er ist aus dem Haus gekommen, hinter mir her.

„Frau Gierse", sagt er, als hätte er den Namen im Haus schon geübt.

„Herr Schneider", sage ich, als wäre damit alles besprochen.

Er schweigt und so versuche ich es weiter. „Ich wollte … ich wusste nicht … ich habe nur gedacht, dass Weihnachten für Sie auch nicht ganz leicht ist."

Er scheint darüber nachdenken zu müssen, legt wegen der Kälte die Arme um seinen Körper. „Ich möchte nicht klagen."

Das ist ein Satz wie ein Beil. Denn es ist der Grund zur Klage, der uns verbindet.

„Sie hätten nicht zufällig irgendeinen Schnaps?"

Die Frage überrascht ihn. „Schon", gibt er zu, „aber der ist schon was älter."

„Keine Sorge", sage ich, „die halten sich lang."

Wir stranden in der Küche, es ist nur mäßig warm, aber sauber und ordentlich, beinah steril. Herr Schneider hat eine Flasche Brombeerschnaps gefunden, Aufgesetzten, wie man so sagt. Es ist noch ein Geschenkband drumrum, offenbar wird auch dieser Hinterbliebene von mitleidigen Seelen versorgt.

Mit Schnapsgläsern hat er sich schwerer getan. Was da steht, sind kleine Wassergläser, deren Boden er vorsichtig bedeckt.

„Schenken Sie ruhig ein!“, ermuntere ich ihn.

Er sieht hoch. „Ich trinke eigentlich nicht“, erklärt er verlegen.

Wieder eine Verbindung. Bestimmt war er auch mal gefährdet, bis ihm jemand gesagt hat: Noch ein bisschen, dann bist du tot.

Bei mir war es auch so, bis ich in einem klaren Moment entschieden habe: Ich will nicht betrunken sein, wenn Christine kommt. Ich will, dass sie gerne heimkommt. Aber Weihnachten sieht sie vielleicht darüber weg.

„Auf unsere Kinder!“ Ich proste ihm zu.

Er verschluckt sich und hustet, er ist echt nichts gewohnt.

Ich nehme die Flasche und schenke uns beiden großzügig ein.

„Ich weiß nicht, ob das gut ist“, der Bauer ist immer noch heiser.

„Es ist Weihnachten“, erkläre ich ihm, „das ist die allerschwerste Zeit, da müssen wir irgendwie durchkommen.“

Er sieht mich unsicher an. Kann sein, dass ich ihm

unheimlich bin. Ich versuche zu lächeln, normal auszusehen.

Er selbst ist attraktiv. Er muss älter sein als ich, deutlich über siebzig, aber er hat noch sein Haar. Es ist weiß, aber nicht ausgefallen vor Gram. Außerdem ist er ordentlich rasiert. Man könnte denken, dass er auch auf jemanden wartet. Ein verwegener Gedanke sagt mir, das bin vielleicht ich.

„Prost!“, sage ich und hebe mein Glas, nur zögerlich nimmt er seins in die Hand.

„Auf Christine“, sage ich, „und auf Ihren Hermann!“

Beinah verschluckt er sich wieder, dann schließt er die Augen und trinkt sein Glas aus. Er wirkt, als hätte er sich soeben entschieden, den Kampf aufzunehmen. Das finde ich gut, ich schenke uns sofort wieder ein.

„Was wollen Sie?“, fragt er mit geröteten Augen.

Die Frage überrascht mich, im schlimmsten Fall denkt er daran, den Notruf zu wählen.

„Weihnachten feiern“, sage ich leise. „Gestern im Supermarkt habe ich gedacht, Sie machen in diesen Tagen Ähnliches durch.“

„Da bin ich nicht sicher“, er nimmt selbständig einen Schluck aus seinem Glas.

Ich sehe ihn an und fühle mich hingezogen zu diesem Mann, der so einsam wirkt und so verloren.

„Ich habe heute Morgen einen Zettel geschrieben“, erzähle ich ihm. „Wenn Christine kommt, soll sie wissen, dass ich bald zurück bin. Er liegt mit einem Stein auf der Fußmatte, damit sie ihn garantiert sieht."

Mit großen Augen starrt er mich an. „Sie glauben tatsächlich – dass sie noch lebt?"

Das kenne ich schon. Die erschrockenen Blicke, das fassungslose Nachfragen – wie kann man nach einundzwanzig Jahren noch denken, dass die Tochter zurückkommt?

„Es gibt keine Hinweise auf ein Verbrechen", erkläre ich ihm und nehme den Rest aus meinem Glas. Herr Schneider schenkt uns wieder nach. Ich merke den Schnaps schon, er sorgt für Hitze in meinem Kopf.

„Aber … ist sie nicht für tot erklärt worden?"

„Mein Mann hat das beantragt", sage ich eisig, „also mein Ex-Mann."

Es war schlimm, als er das getan hat. Er dachte wohl, ich komme dann besser zurecht, aber faktisch ändert es nichts. *Christine ist verschwunden und niemand weiß etwas über ihr Verschwinden. Also muss ich davon ausgehen, dass sie noch lebt.*

Ich habe die Sätze laut ausgesprochen, das merke ich erst jetzt.

Der Bauer starrt mich an. Sein Mund ist geöffnet. Er wirkt, als habe er eine Erscheinung.

„Aber … dann hört es niemals auf", höre ich ihn stammeln.

„Es hört auf, wenn sie zurückkommt", ich merke, dass ihn das noch mehr irritiert, „oder wenn es neue Erkenntnisse gibt."

Das klingt seriös, hoffe ich, und rational. Es ist mir wichtig, dass Herr Schneider mich nicht für verrückt hält.

„Aber … das ist ja … entsetzlich“, Herr Schneider wirkt verstört.

„Hat es denn bei Ihnen aufgehört?“, frage ich nach. „Gibt es einen Tag, an dem Sie nicht an Ihren Sohn denken?“

Sein Kopf sinkt nieder. Er hat ihn gefunden, das habe ich damals in der Zeitung gelesen. Er hat sogar versucht, ihn zu retten. Ein Wunder, dass er dabei nicht selbst umgekommen ist. Wie muss es sein, seinen Sohn aus der Scheiße zu ziehen? Wie muss es sein, seinen Sohn *nicht* aus der Scheiße zu ziehen? Er war Mitte zwanzig!

Ich versuche mir sein Gesicht vorzustellen. Das Gesicht von Hermann Schneider. Es war damals in der Zeitung, aber das ist zwanzig Jahre her. Oder einundzwanzig? Und plötzlich dämmert es mir. Es muss ein paar Monate nach Christines Verschwinden gewesen sein. Damals war ich dauerbenebelt, daher habe ich das Ganze nur unter einem Schleier wahrgenommen.

„Nein!“, gibt er zu. Ich schenke uns ein, die Flasche ist schon zur Hälfte geleert.

„Ihre Frau ist daran zerbrochen“, höre ich mich sagen. Er widerspricht nicht, stattdessen trinkt er mechanisch aus seinem Glas. Er wirkt angefasst, ich hoffe, ich habe ihn nicht überfordert.

Mir wird die ganze Tragik bewusst: Dass er sein Leben vergeudet. Dass ich mein Leben vergeude. Ich frage mich ernsthaft, ob unsere Kinder das wollen. Oder ob sie nicht vielleicht wollen, dass wir beide, Hans-Georg Schneider und ich, weitermachen mit unserem Leben. Dass wir vielleicht sogar … zusammen … also, dass wir uns etwas geben können mit unseren beschädigten Leben.

„Würde es Ihnen helfen …?" Er sieht mich nicht an, starrt auf die Tischplatte, als gäbe die ihm Halt. „Würde es Ihnen helfen zu wissen, was mit Ihrer Tochter passiert ist?"

Eine Frage, die mir auch die Therapeutin gestellt hat – *„Würde es Ihnen helfen – was würde es ändern?"*

Natürlich würde es helfen. Es *würde* etwas ändern.

Herr Schneider starrt immer noch auf die Tischplatte, wirkt fast wie in Trance.

„Würden Sie es auch wissen wollen, falls Ihre Tochter –?"

Er spricht nicht weiter, bringt den Satz nicht zu Ende. Irgendetwas stimmt nicht mit ihm. Er hat nicht nur eine Frage gestellt. Dahinter steckt mehr.

„Warum?" Meine Stimme ist kipplig.

„Weil ich etwas weiß."

Mir bleibt die Luft weg. Seit einundzwanzig Jahren suche ich einen Menschen, *der etwas weiß*. Und jetzt sitze ich in dieser Küche, weil ich mich zum ersten Mal zu einem Menschen hingezogen fühle, und er sagt, *dass er etwas weiß.*

„Was?", krächze ich.

Er legt seinen Kopf in die Hände, als wollte er sich dahinter verstecken. Und tatsächlich ist sein Gesicht zur Hälfte verdeckt.

„Zweiundzwanzigster September, das ist der Tag, an dem der Unfall passiert ist. Aber damit fing es eigentlich nicht an."

Schneider nimmt die Hände weg, will, dass ich ihn richtig verstehe. Er sieht mich an, seine Augen sind glasig.

„Es fing damit an, dass ich die Motorsäge aus Hermanns Auto geholt hab. Damit machte er im Wald häufig Holz. Er tobte sich dabei regelrecht aus. Aber das tut nichts zur Sache. Die Sache ist, dass ich die Motorsäge aus seinem Kofferraum holte, außerdem den Kanister mit Benzin, der hinter dem Fahrersitz stand, unten im Fußraum, und dass ich dabei etwas fand."

Ich sitze da, steif wie ein Stock. Worauf läuft das hinaus?

„Ich bin dann sofort zu Hermann. Er war drüben hinterm Stall, hat die Grube für das Pumpfahrzeug fertig gemacht. Und ich habe ihn gefragt, was das ist."

Was?, möchte ich fragen, aber ich bin wie gelähmt. Ich kann nicht mehr sprechen.

„Er ist ausgewichen, hat gesagt, dass mich das einen Scheißdreck angeht, aber davon habe ich mich nicht beeindrucken lassen ‚Wo hast du das her?', habe ich gebrüllt, weil ich da schon eine Ahnung hatte. Hermann hatte sich verändert in den letzten Wochen. Er war noch stiller geworden, aber irgendwie auch aggressiv. Ich hatte das Gefühl, dass etwas passiert war, und deshalb habe ich weitergebrüllt: ‚Was hast du gemacht?' Und da ist er plötzlich wütend geworden. ‚*Sie* hat was gemacht', hat er zurückgeschrien, ‚*sie* wollte mitfahren.' "

In mir zieht sich alles zusammen. Ich merke: Der Augenblick ist da. Aber ich hatte ihn mir immer anders vorgestellt. Denn jetzt kann ich nicht denken. Ich kann nicht fragen. Ich kann nicht mal mehr irgendwas fühlen.

Der Bauer ist fahl, er scheint alle Kräfte mobilisieren zu müssen. „An diesem Abend im Juni, als der Bullenball stattfand, ist er noch zu dieser Disko gefahren, zum *Point*. Weil auf dem Bullenball nichts los war, hat er gemeint. Aber klar ist nichts los, wenn man überall nur alleine rumsteht und sich nichts traut. Das habe ich ihm so auch gesagt."

Juni. Point. Mir fehlt weiterhin Sauerstoff, um klar zu denken. Trotzdem versuche ich das aufzunehmen. Der Bullenball in Münster. Die Datingbörse für junge Leute vom Land. Danach zum *Point,* weil auf dem Bullenball nichts los war.

„Er ist richtig ausgerastet. Hat gemeint, es wäre ja klar, dass ich das sage. Auf dem Parkplatz sei er jedenfalls angesprochen worden – von einem jungen Mädchen, das ihn vom Sehen kannte. Es lohne nicht, nach drinnen zu gehen, hat sie gemeint, und ob sie nicht mitfahren könne. Angeblich haben sie sich im Auto gut unterhalten, so dass Hermann vorm Dorf in einen Feldweg abgebogen ist. Er hat versucht sie zu küssen, aber sie wollte das nicht. Und da ist er sauer geworden – angeblich auch, weil ich immer gesagt habe, er sei viel zu schüchtern", Schneider bricht ab, seine Stimme ist furchtbar heiser, „– jedenfalls hat er – er hat – und nachher – um das alles zu vertuschen – er hat sie erwürgt –"

Ich schlage mit der Hand auf den Tisch, dass es schmerzt. Der Bauer fährt zusammen.

„Sie wollte nur mitfahren!", kreische ich.

„Natürlich, ich weiß!" Schneiders Tonfall ist kläglich, er sieht mich angsterfüllt an, bis er sich irgendwann entschließt, doch noch etwas zu sagen. Er sagt es ganz leise, so dass man es nur schwerlich versteht. „Er ist nicht von allein in die Jauchegrube gefallen."

Schwindel überkommt mich. Was will der Bauer mir sagen? Was will der verrückte alte Bauer mir sagen? Dass er seinen Sohn umgebracht hat?

Und dann steht er plötzlich auf. Mit Mühe kämpft er sich hoch. Er wirkt, als hätte er drei Flaschen Aufgesetzten getrunken. Er wirkt, als sei das sein allerletzter Gang.

„Wo wollen Sie hin?"

Er antwortet nicht. Und so bleibe ich wie gelähmt sitzen. Sehe den Feldweg. Sehe Christine. Sehe alles bis ins letzte Detail.

Es dauert Stunden, bis er zurückkommt, oder Minuten. Ich kann es nicht sagen, weil es Zeit und Raum nicht mehr gibt. Es gibt nur dieses eine: Christine kommt nicht zurück!

Aber dann steht er plötzlich vor mir – wie ein Geist – und legt etwas vor mir auf den Tisch. Roter Batikstoff, verwaschen. Es ist ihr Haarband. Danach wurde bei *Aktenzeichen XY* gesucht.

„Meine Frau wollte nicht glauben, was ich ihr erzählt hab, bis ich ihr gezeigt habe, was unter seinem Autositz lag."

Ich nehme das Haarband in die Hand, schließe die Augen. Christine kommt nicht zurück. Sie hat das Schlimmste erlebt.

Aber ich spüre ihr Haarband in meiner Hand.

„Wo ist sie?", bringe ich mühsam heraus.

Er sagt nichts. Aber ich höre ihn atmen. Und dann schließlich dieser eine Satz: „Sie wissen, dass ich nach Hermanns Tod die Schweine abgeschafft habe?"

Stille füllt den Raum. Oder ist es Grauen? Ich stehe auf. Mit wackligen Knien.

Gehe an Herrn Schneider vorbei. Gehe zur Tür.

„Und jetzt?", höre ich ihn hinter mir krächzen.

„Der Zettel", sage ich, „der Zettel kann weg."

Draußen ist Wind aufgekommen.

Ich spüre den kalten Zug im Gesicht.

Ich warte nicht mehr. Vielleicht wartet er. Wartet darauf, was ich tue.

Soll er. Soll er warten. Tage. Wochen. Jahre.

Ungewissheit ist schlimm. Damit kenne ich mich aus.

Aber Gewissheit – und das weiß ich erst jetzt – Gewissheit ist es vielleicht noch mehr.

Runter vom Sofa

Sie hätte das nicht sagen sollen. „Runter vom Sofa!"

Und auch nicht. „Sie oder ich!"

Laura hätte insgesamt weniger sagen sollen. Das war vielleicht das Problem in unserer Beziehung. Naja, es war ein Problem unter vielen.

Sie ist Vegetarierin, ich bin Fleischomat.

Sie ist sportlich, ich schau mir Sport lieber im Fernsehen an.

Am Anfang habe ich gedacht: Gegensätze ziehen sich an. Aber das war vor allem, als sie noch nicht bei mir wohnte. Dann kam der Einzug, ganz überstürzt wegen Wasserrohrbruch in ihrer Wohnung.

Aber ich dachte, irgendwie geht das schon gut.

Am Anfang fand ich es sogar ganz praktisch, dass sie das Haus auf Stand gebracht hat. Weil, ich hab's nicht so mit Putzen und Aufräumen. Ich bin in mein Elternhaus gezogen, als meine Mutter die Augen zugemacht hat. Aber plötzlich erscheint mir das Haus ziemlich groß. Meine Mutter fehlt irgendwie – weil niemand putzt.

Ich glaube, Laura wollte ein schickes Landhaus draus machen. Mit Messinggießkanne neben dem Eingang und gemütlicher Holzbank im Garten.

Ist ja auch okay, ich hab nichts gegen Deko, der Knackpunkt war eher, dass sie mit Emma nicht klarkam. Emma ist meine Labrador-Hündin, meine Gefährtin, schon seit über vier Jahren. So lange bin ich mit Laura noch nicht zusammen.

Auf einmal war es ein Problem, dass Emma beim Trinken immer sabbert. Also, nicht nur beim Trinken selbst, sie sabbert auch noch, wenn sie getrunken *hat* und wieder ins Wohnzimmer geht. Es gibt dann eine Spur. Eine Sabberspur, wie Laura es nannte.

„Ist doch nur Wasser", hab ich gesagt, aber der Napf wurde dann von der Küche in die Diele verlegt.

Dann musste ein Haken montiert werden, um Emmas Leine aufzuhängen. Die hatte sonst immer über der Heizung gehangen, aber das fand Laura doof.

Ein richtiges Problem gab es aber dann mit dem Sofa. Weil Emma da ja immer drauf liegt. Anfangs hat Laura nur schnippisch erwähnt, dass sie „schon wieder Haare" an der Hose habe. Dann hat sie irgendwann gefragt, ob Emma sich im Körbchen auf dem Boden nicht wohler fühlen würde. Körbchen auf dem Boden, Top-Angebot, echt. Genauso gut hätte sie mir sagen können, dass es für mich mit Klappstuhl in der Bushaltestelle doch viel gemütlicher ist.

Es ist nun mal so: Abends beim Fernsehen liegt Emma neben mir auf dem Sofa, und zwar so, dass ihre Schnauze auf meinem Oberschenkel ruht. Das ist unsere gemeinsame Zeit, und das ist Emmas Platz. Seit über vier

Jahren. Diesen Platz wollte nun Laura einnehmen. Ich glaube, man spricht da von einem Interessenskonflikt.

Leider gab es noch andere Dinge, die Laura gestört haben. Ich sprech nicht gern drüber, aber ich muss es wohl erzählen, damit man die Sache besser versteht. Ich fang vorne an: Dadurch, dass ich viele Jahre mit Emma gewohnt habe … also, da ist das eben der Name, den ich am meisten benutze … also, der ist irgendwie in mein Gehirn eingebrannt … Nur so kann ich mir erklären, dass ich in dieser intimen Situation, also, dass ich mitten beim Sex, also quasi auf dem Gipfel der Ekstase … also dass ich da „Emma" gebrüllt hab.

Das hat Laura irritiert.

Dem Gipfel folgte daher ein ziemlicher Absturz.

Es gab Riesenstress wegen dieses Namensverstöhners.

Ich hab argumentiert, dass die Namen sich ein klein bisschen ähneln und den Vorschlag gemacht, dass ich Laura ja vielleicht anders nennen könnte.

Die ist daraufhin ganz hysterisch geworden. „Du willst mir einen anderen Namen geben? Welchen denn? Vielleicht Lieselotte?"

„Natürlich nicht", hab ich sie zu beruhigen versucht, „es ist ja vor allem das A hinten, das die Ähnlichkeit ausmacht. Wie wäre es mit … äh … Laur-el?"

„Laurel?", hat Laura gekreischt. „Wie der aus Dick und Doof? *Der Doofe?*"

Ich hab dann gesagt, dass ich sie auch Olli nennen kann, aber nur weil ich zu dem Zeitpunkt schon völlig konfus war.

Auf jeden Fall hat Laurel am nächsten Tag Emmas Rückzug vom Sofa gefordert.

Ich hab nachgegeben – wegen schlechtem Gewissen – wegen Verstöhnen. Aber der Umzug ging nicht so glatt. Als Laura sich an mich schmiegte – also als sie Emmas Position einnahm! – ging es mit meiner Hündin durch. Sie sprang nicht nur aufs Sofa, sondern Laura auf den Schoß – aus ihrer Sicht logisch, weil sie ja ihren Kopf auf meinem Oberschenkel ablegen musste. Der Punkt ist: Emma denkt, sie sei ein Schoßhund, weil sie das als Welpe ja auch war. Aber inzwischen wiegt sie über dreißig Kilo. Ein bisschen ist es, als würde ein Elefant sich in ein Ballettröckchen zwängen.

Laura schrie und hat keine Luft mehr bekommen, so dass ich Emma wirklich vom Sofa verbannt hab. Und mehr noch, ich hab sie in die Diele verfrachtet. Dort stand jetzt nicht nur ihr Napf, dort lag nun auch Emma. Unter dem Haken mit ihrer Leine.

Und sie war tödlich beleidigt. Enttäuschter kann auch Prinz Charles nicht gewesen sein, als Harry mit Meghan aus dem Palast ausgezogen ist. Emmas Blicke enthielten eine klare Botschaft: „Verrat!“

Ich hielt es kaum aus.

Drei Tage später ergab sich eine Gelegenheit, Emma endlich mal wieder aufs Sofa zu holen. Und zwar, als

Laura bei ihrer Yogagruppe war.

Ich habe den Hund rechtzeitig runtergeschmissen – also alles okay – aber Laura war trotzdem außer sich: Man hatte sie angesprochen, weil ihre Yogahose voller Hundehaare war.

Und ich hab natürlich wieder falsch reagiert. „Komisch", hab ich gesagt, „wo Emma deine Yogahose doch nur ganz selten trägt."

Sollte nur ein Witz sein, aber Laura ist dann tatsächlich zum Sofa gestürmt und hat ein Haar aufgespürt. „Hab ich's mir doch gedacht. Sie lag wieder auf meinem Platz."

Emma saß derweil unterm Tisch und schaute uns ganz erschrocken an. Da hab ich gemerkt, so will ich das nicht.

„Aber das ist doch *ihr* Platz", hab ich gesagt, „da liegt sie seit über vier Jahren."

Laura hat mich angefunkelt und dann gefaucht: „Du musst dich entscheiden! Sie oder ich!"

Ich hab nicht geantwortet, sondern nur zu Emma runtergeguckt. Die schaute mich mit treuen Augen an. Die Antwort war daher mit Händen zu greifen.

Laura ist dann wortlos nach oben gegangen.

War aber am nächsten Morgen total entspannt. Von wegen sie hätte wohl überreagiert. Ein paar Haare auf der Hose wären doch nicht schlimm.

Ich war ziemlich geflasht, aber happy. Laura hat sich dann abends einfach in den Sessel gesetzt.

Und sich ab dann wirklich um Emma bemüht! Hundeleckerlis, Fleischwurst und Käse. Laura hat Emma richtig verwöhnt. Und angeboten, die abendliche Gassirunde zu übernehmen. Sie sitze bei mir sowieso zu viel rum.

Das hätte mich stutzig machen können, aber ich habe nichts Böses geahnt. Und mich auch selbst bemüht. Das mit der Fehlbenennung während der Ekstase ist mir nie wieder passiert. Leider ist das mit der Ekstase überhaupt viel weniger passiert. Weil ich völlig verkrampft war! *Nicht Emma sagen! Nicht Emma sagen!* war mein ständiges Mantra. Versuchen Sie mal, bei solchen Einpeitschungen in Stimmung zu kommen! Das ist, als würde die eigene Mutter neben dem Bett stehen und einem dauerzuflüstern, dass die Bettwäsche nicht dreckig werden darf.

Und dann hab ich versehentlich Lauras Handy in die Finger gekriegt. War wirklich ein Versehen, denn Lauras Handy interessiert mich echt nicht. Aber wir haben dasselbe Modell. Und als ich mir *mein* Handy schnappen wollte, um die Zeit auf der Toilette sinnvoll zu nutzen, musste ich vor Örtchen feststellen, dass ich *Lauras* Handy mitgenommen hatte. Sie hat es nicht gesichert, die letzte Google-Suche öffnete sich ganz automatisch. Meine Klo-Sitzung hat dann ziemlich lange gedauert. Nur so viel: Rattengift hat in Lauras Recherche eine wichtige Rolle gespielt.

„*Du* hast gekocht?“ Lauras Erstaunen am Folgeabend

war absolut berechtigt. Ich bin ja sonst nicht der große Brutzler.

Es gab Ratatouille. Für Laura nur Gemüse, für mich zusätzlich Fleisch. Außerdem war der Küchentisch liebevoll gedeckt und Rotwein eingeschenkt. Laura machte große Augen, als sie sich setzte: „Gibt's was zu feiern?"

„Wie man's nimmt", ich tat uns großzügig auf, Laura die Gemüseversion und mir aus dem Fleischtopf, „guten Appetit."

Laura nahm den ersten Bissen. „Huh, ganz schön scharf."

„Magst du doch, oder? Ich finde, bei diesen Gemüsegerichten muss man ordentlich würzen, um überhaupt Geschmack dranzukriegen."

„Da spricht der Experte", Laura grinste ironisch und nahm eine weitere Gabel. „Schmeckt schon, hm, *besonders*, aber für den ersten Kochversuch gar nicht so schlecht."

Ich schaufelte mir meinen Spezial-Auflauf rein. Mit Fleisch konnte man das Gemüse ziemlich gut essen.

Laura aß auch. Nicht mit Genuss, es sah eher aus, als wollte sie mich nicht enttäuschen. Schließlich schob sie ihren Teller beiseite und hielt sich den Bauch. „Zu viel Gemüse auf einmal, so viel Gesundheit bin ich gar nicht mehr gewohnt, seitdem ich hier wohne." Sie nahm einen Schluck. „Jetzt raus mit der Sprache, was gibt's zu feiern?"

Ich blickte auf Emma, die unter dem Tisch lag. Sie hatte ihre Schnauze auf Lauras Füße gelegt. „Nun, ich freu mich einfach, dass ihr beiden euch inzwischen so gut versteht."

Laura lächelte sanft. „Ich musste erst kapieren, was sie für dich bedeutet."

Dann beugte sie sich hinunter und tätschelte Emma den Kopf. Die leckte ihr dankbar die Hand. Hunde kennen kein Arg.

Als Laura wieder hochkam, hielt sie sich die Stirn. „Uih, irgendwie ist mir nicht gut. Ich glaube, ich lege mich mal hin."

Ich begleitete Laura rüber in die Stube, wo sie sich aufs Sofa sinken ließ. Emma war sofort zur Stelle und kuschelte sich an. „Unglaublich, wie sehr sie dich mag", entfuhr es mir bitter.

„Unglaublich?", Laura sah mich müde an. Dann schloss sie die Augen und tätschelte Emma den Hals. „Stell dir vor, letztens beim Spaziergang dachte ich, sie hätte einen Giftköder gefressen. Sie hat da im Wald etwas hinuntergewürgt, was komisch aussah. Ich dachte echt, jetzt hat es sie erwischt. Ich hab sofort gegoogelt, was in diesen Tierködern drin ist und was man tun kann, um sie zu retten."

Ich kippte beinah aus den Latschen. „Du hast was –?"

„Hast du gar nicht mitgekriegt, du hast schon auf dem Sofa geschlafen. Ich hab Emma dann eine Dose Sauerkraut gefüttert. Man muss zusehen, dass sie erbrechen, damit das Gift nicht weiter aufgenommen wird."

Lauras nuschelige Worte waren kaum mehr zu verstehen. Auch, weil ich da schon zum Vorrat unterwegs war.

Ich habe Laura zwei Flaschen Sauerkrautsaft reingewürgt – mit dem Hinweis, dass der Blumenkohl möglicherweise schimmelig war. Die ganze Nacht hat sie erbrochen und sich erst nach zwei Tagen richtig erholt.

„Toll, wie du mich gepflegt hast", hat sie anschließend gemeint, aber dann ein ernstes Gesicht aufgesetzt, „aber für eine gemeinsame Zukunft sehe ich schwarz."

Das war ein Schock! Ich sah Laura inzwischen mit ganz anderen Augen!

„Ich brauche keinen Mann, der immer nur auf dem Sofa abhängt. Und im Bett läuft es zwischen uns ja auch nicht mehr rund."

Ich wollte so viel sagen, aber irgendwie kam es nicht raus.

Laura wohnt inzwischen in einer Wohnung über dem Yoga-Studio. Ich glaube, sie und ihr Yoga-Lehrer üben sehr viel. Ich dagegen liege abends mit Emma auf der Couch. Ab und zu schaut meine Hündin mich vorwurfsvoll an. Sie vermisst Laura, nehme ich an. Vielleicht denkt sie aber auch etwas anderes: „Runter vom Sofa!" oder sowas in der Art.

Freier Fall

Luisa hatte kastanienbraunes Haar und smaragdgrüne Augen, genau wie ihre Mutter. Martina ist vor sechs Jahren gestorben. Brustkrebs, zu spät gemerkt. Danach waren Luisa und ich allein. Nicht allein, hat Luisa immer gesagt, ein Team.

Ihr Abitur hat Luisa mit einssechs gemacht. Sie konnte fast alles studieren. Aber sie hat Geowissenschaften gewählt, ein brotloses Fach. Doch sie hatte ihre Vorstellungen. Schon mit sechzehn hat sie ihre ersten Führungen in der Dechenhöhle gemacht.

Zum achtzehnten habe ich ihr dann ein Auto geschenkt. Einen Kleinwagen, aber den sichersten in seiner Kategorie. Ich wollte Luisa immer beschützen. Ihre Freude hielt sich jedoch in Grenzen. „Was soll ich damit?“, hat sie stirnrunzelnd gefragt.

Seufzer von mir. Ich war Vertriebler bei Medicé. Das bedeutete Geschäftsessen. Dienstreisen. Überstunden. Dinge, die ich nicht wollte, aber nicht immer abwimmeln konnte. „Wenn ich beruflich unterwegs bin, kann ich dich nicht immer chauffieren. Und wenn du erst im Studium bist, sowieso nicht.“

Luisa hat nach diesem Einwand nicht glücklicher geschaut. Ich wusste genau, was in ihr vorging: Papa sorgt sich zu Tode. Papa klammert. Papa lässt mich nicht los.

„Luisa-Schatz“, hab ich sie beruhigt. „Ein Auto muss man nicht fahren. Du nutzt es nur, wenn du es brauchst. Und wenn du es nicht brauchst, steht es halt rum. Ist das ein Deal?“

Luisa fuhr genau dreimal mit dem Auto zum Studium nach Bonn. Das letzte Mal kam sie an einem Freitagabend zurück. Ein Tag im November. Sie hatte noch ein spätes Seminar gehabt, bis zwanzig Uhr. Danach sollte ein spontanes Treffen stattfinden.

Ich habe Luisas Nachricht noch immer auf meinem Handy. *„Ich komme später, Papa. Nach dem Seminar gehen alle noch was trinken. Der Prof will von einem Forschungsprojekt in Mexiko erzählen. Es ist wichtig, dass ich ein paar Leute kennenlerne. Kannst du das verstehen?“*

Ich habe innerhalb von zehn Sekunden geantwortet. Ich wartete ja schon auf Luisa. *„Ja, klar. Aber du kommst doch heute noch?“*

Bei Luisa dauerte die Antwort etwas länger.

„Okay“, schrieb sie irgendwann. *„Aber erst nachts, dann sind auch die Straßen schön leer. Geh schon mal ins Bett.“*

Ich weiß noch, dass ich dachte: Gut, dass sie das Auto hat. Gut, dass sie an keinem Bahnhof stehen muss. Gut, dass sie sicher nach Iserlohn kommt. Wie sehr ich mich täuschte!

Luisa hatte kastanienbraunes Haar und smaragdgrüne Augen. Als ich sie das letzte Mal sah, waren die Augen geschlossen, das Haar blutverklebt. Das war in der Rechtsmedizin.

Ich möchte, dass Dinge wachsen. Dass etwas blüht. Dass Terrassen schön aussehen. Und Gärten. Dass etwas entsteht.

„Du bist sehr weit für dein Alter", sagt manchmal Axel, mein Chef. „Du machst dir Gedanken über Dinge, über die andere Achtzehnjährige nicht ein einziges Mal nachgedacht haben."

Das mag stimmen. Aber Axel weiß nicht, warum das so ist. Axel kennt nicht meine Geschichte. Die kennt niemand. Niemand außer Stich und mir. Ich verwahre die Geschichte in meinem Kopf. Manchmal dehnt sie sich aus und will mich zerstören. Manchmal schrumpft sie und ich habe Hoffnung, dass sie zerschmilzt.

Arbeit hilft. Und im Garten-Landschaftsbau arbeitet man viel. Ich habe einen Körper, als würde ich täglich drei Stunden mit Pumpen verbringen. Aber ich arbeite nur. Ich arbeite bis zum Umfallen, dann trinke ich abends drei Flaschen Bier und falle ins Bett. Drogen nehme ich nicht mehr. Seit der Nacht an der A46 habe ich nichts mehr genommen. Ein bisschen Alkohol ja, aber keine Drogen, ich muss die Kontrolle behalten. Manchmal, in der Nacht, wache ich auf und die Bilder kommen zurück. Das Gesicht von Stich, und was dann nachher geschah.

Ich hatte ihn auf der Alexanderhöhe kennengelernt. Ich hing da manchmal rum, hab ein bisschen gekifft, und da stand er plötzlich vor mir. Designer-Klamotten, Edel-Turnschuhe, gieriger Blick. „Weißt du, wo man was anderes bekommt?"

„Wie, was anderes?", hab ich ganz blöde gefragt. Weil ich kannte den ja gar nicht.

„Na, Pillen halt. Was Besonderes. Damit man etwas Spaß hat in diesem Kaff."

Er hat erzählt, dass sein Vater ihn hier aufs Internat geschickt hat. Dass er eigentlich aus Frankfurt kommt und vor Langeweile stirbt.

„Geht hier nichts?", hat er gefragt. „Kriegt man hier nichts?"

„Doch, schon", hab ich gemeint. Aber ehrlich gesagt war grad niemand da, der ihm was verkaufen konnte. Ich hab ihm dann ein bisschen von meinem Gras angeboten und wir haben den Abend gemeinsam auf der Alexanderhöhe verbracht.

Stich hatte Geld, das war mir schnell klar. Sein Vater war Anwalt in Frankfurt. Er hatte dort auf der Schule Scheiße gebaut, auch was mit Drogen, deshalb haben sie ihn nach Iserlohn entsorgt. So hat er das gesagt. „Sie haben mich entsorgt." Das fand ich irgendwie lustig. Weil damals hab ich ja noch gedacht, dass ich vielleicht bei Lobbe anfangen könnte. Stich hat das gar nicht geschnallt. Wir haben beide immer nur die Hälfte von dem geschnallt, was der andere gesagt hat, allein schon wegen dem Gras. Aber trotzdem war es cool. Endlich mal jemand Neues. Okay, Stich war irgendwie over. Overcool. Overreich. Overarrogant. Aber das war mir egal. Es war erst drei Wochen her, dass Jessi mit mir Schluss gemacht hatte. Ich hab ziemlich viel gekifft. Und so ein neues Gesicht, das war irgendwie gut.

„Nächstes Mal besorgen wir was Härteres", sagte er, als ich wegwollte. „Schau mal, wo es das gibt."

Da hatte ich dann plötzlich einen Auftrag. So ein Typ war er. Ein Typ, der Aufträge erteilt. Blasses Gesicht, strenge Nase, groß gewachsen. Zum Befehlen geboren.

Wir haben dann noch Nummern ausgetauscht. „Sieh zu, dass du zum Wochenende was auftust", hat er gesagt, als ich ihn am Internat mit meiner Karre abgesetzt hab.

„Ich schau mal", hab ich gesagt.

Da ist er plötzlich näher gekommen, ganz dicht an mich ran. „Du schaust nicht", hat er gesagt und mich dabei fixiert, „du sorgst, dass es klappt."

Ein kurzer Moment, der irgendwie unheimlich war, aber der war schnell vorbei, dann hat er mir ganz freundschaftlich auf die Schulter geklopft. „War ein guter Abend", hat er gemeint, „du bist zu gebrauchen."

Das war meine erste Begegnung mit Stich. So, hat er gesagt, würde er heißen. Stich. Mir war klar, dass er so nicht wirklich heißt. Ein Spitzname halt. Aber irgendwie ein cooler. Ich heiße ja einfach nur Mischa. Das fand er cute, als ich ihm das auf der Alexanderhöhe gesagt hab. „Mischa", hat er gemeint und einen Lachflash gekriegt.

„Das klingt wie ein Teddy. Mischa! Mann, klingt das cute."

Mein Chef sagt, ich hätte es im Blut, die Dinge wachsen zu lassen. Ich möchte dann schreien und heulen und wegrennen. Mein Chef liegt so falsch. Ich habe es im Blut zu zerstören. Ich hätte besser bei der Müllentsorgung angefangen. Das hätte gepasst.

Ich bin eingeschlafen, das werfe ich mir bis heute vor. Dass ich eingeschlafen bin. Es lief ein Fußball-Länderspiel, Deutschland gegen die Niederlande, und ich bin eingeschlafen nach der anstrengenden Woche. Ich bin erst nachts aufgewacht, als es an der Tür geklingelt hat. Ich bin hoch, ganz verschreckt, und dann hab ich mich gefreut. Luisa, endlich! Sie war bestimmt voll bepackt und hatte keine Lust, den Schlüssel rauszukramen. Dass ich noch wach war, sah man ja am beleuchteten Haus. Und dann standen da vor der Tür zwei Polizisten. Der eine hielt mir einen Dienstausweis hin. „Herr Ludwig?", hat er gefragt. „Dürfen wir reinkommen?"

Es war alles wie im Traum, wie im Alptraum. „Vielleicht setzen Sie sich", hat der mit dem Dienstausweis gesagt. „Wir haben leider eine schlechte Nachricht für Sie."

Da wusste ich es. Es gab ja nur eine denkbare schlechte Nachricht für mich.

Auf der A46. Einen Gullydeckel von der Brücke geworfen. Mit dem Auto überschlagen. Nicht gelitten. Feuerwehr sofort da. Sollen wir einen Seelsorger rufen?

Kein Seelsorger. Keine Betreuung. Für mich gab es keine Rettung. Mir war alles genommen. Ich war im freien Fall.

Es ist an der Brücke Hembergstraße passiert. Und zwar, als Luisa gerade abfuhr. Ausfahrt Seilersee, um zu uns in die Görresstraße zu kommen. Es ist passiert, weil sie mit dem Auto gefahren ist und nicht mit dem Zug. Es ist passiert, weil ich sie gedrängt habe, nachts noch nach Hause zu kommen. Es ist passiert, weil jemand sie umgebracht hat!

Die Polizei hat alles versucht, die Täter zu finden. Sie hat das Gelände umgepflügt. Sie hat sich ins einschlägige Milieu eingeschleust. Sie hat überhaupt nichts erreicht.

Ich habe parallel gearbeitet. Ganze Nächte habe ich auf der Brücke verbracht, um zu sehen, wer sich dort rumtreibt. Auf dem Schulgelände am Hemberg, am Park & Ride-Parkplatz unten Ecke Baarstraße, sogar am Seilersee. Ich habe mit Hunderten Menschen gesprochen. Meine Geschichte erzählt. Die Geschichte von Luisa.

Die Polizei sagte, ich solle Abstand nehmen. Die Leute in Ruhe lassen. Vielleicht wieder arbeiten? Psychologische Hilfe in Anspruch nehmen. Das Schicksal akzeptieren.

Ich kann kein Schicksal akzeptieren, das von Menschen gemacht ist. Luisa hat keinen Unfall gebaut, weil sie zu müde war. Nicht, weil sie leichtsinnig fuhr oder ihr ein Reh vors Auto geriet. Luisa ist gestorben, weil jemand einen Gullydeckel auf ihr Auto geworfen hat. Gut abgepasst. Jemand, der das Auto aus Richtung Hagen kommen sah und im richtigen Moment losgelassen hat. Der Gullydeckel ist senkrecht in ihre Windschutzscheibe gekracht. Genauso hat es jemand gewollt. Das ist kein Schicksal, sondern Mord. Dafür muss jemand büßen.

Ich habe nicht aufgehört zu suchen – und ihn nach neun Monaten tatsächlich entdeckt. Den einen, der etwas weiß. Den Dealer, der etwas vertickt hat, ganz in der Nähe. Der an zwei Typen verkauft hat. Eine ganze Hand voll Pillen. Der größere hat angeblich mit einem Hunderter aus der Hosentasche bezahlt, obwohl er noch blutjung war, sechzehn oder siebzehn. Der andere stand etwas entfernt mit einer Vespa. Der Dealer kannte sie nicht. Beide nicht. Er hängt selbst an der Droge. Aber er hat sie gesehen. Er hat eine Beschreibung abgeben können. Dann ist er verschwunden.

Die Polizei hat ihn nicht mehr auftreiben können. Hat mir überhaupt nicht geglaubt.

Sie kenne alle Dealer, hat sie gesagt. Der Markt sei mittlerweile in russischer Hand. Von dem, den ich beschriebe, habe man nie etwas gehört. Und meine Aussagen über die Kunden seien unzureichend. Zwei junge Kerle, einer mit Geld …

Ich habe es aufgegeben, die Polizei zu überzeugen.

Das Schicksal selbst in die Hand genommen.

Damals bin ich eingeschlafen vor dem Fußball-Länderspiel. Seitdem habe ich nie mehr richtig geschlafen. Nicht mit Schlafmitteln, nicht mit irgendwas sonst. Ich dämmere weg, ja, ich träume ein wenig, meist von Luisa, aber ich schlafe nicht mehr. Ich ruhe nicht, bis ich die beiden habe. Es war kein Schicksal, es war Mord.

Ich lese keine Zeitung. Aber die Kollegen haben manchmal die BILD dabei. Und wenn die Mittagspause zu lang ist, schaue ich rein. So auch auf der Baustelle in Oestrich, am Lindenplatz. Vor Schreck hab ich sie fallenlassen, die Zeitung. Zum Glück hat es niemand gesehen.

Da ist sein Gesicht, Stichs Gesicht. Sie haben einen Balken über die Augen gemacht, aber als ich die Zeitung wieder hochnehme, kann ich ihn trotzdem erkennen. Die halblangen lockigen Haare, die markante Nase, den Mund. Ein ganz normales Bild, vielleicht von Freunden gemacht. Aber Stich ist jetzt tot. Und nicht einfach gestorben. Die Schlagzeile sagt etwas anderes: „Mit Gullydeckel im See versenkt“. *Ich kann die Worte kaum lesen, so zittern meine Hände. Aber wenn ich alles richtig verstehe, wurde er von einem Hobby-Taucher entdeckt. In einem Waldsee bei Frankfurt, an einen Gullydeckel fixiert. Die Polizei geht von einem Racheakt aus.* „Roland Stichner war wegen Drogendelikten vorbestraft und in der Frankfurter Szene bekannt. In Erscheinung trat er schon als Fünfzehnjähriger, als er zwei Mitschülern mit Gewalt ein S in den Arm ritzte – daher sein Spitzname Stich."

Im aktuellen Fall vermutet die BILD, dass Stich seine Schulden nicht bezahlt hat und dafür büßen musste.

Ich lasse die Zeitung endgültig sinken. Ja, er musste büßen, aber nicht dafür.

„Alles klar?", fragt Axel, mein Chef. „Du bist so bleich um die Nase."

Meine Finger krampfen sich zusammen. Meine Galle kommt hoch.

„Mir ist nicht gut", stammele ich, „irgendwas Falsches gegessen."

Axel sieht mich nachdenklich an. „Dann geh mal besser nach Hause. Nicht, dass wir alle morgen die Kloschüssel küssen."

In meiner Wohnung am Nussberg lasse ich die Rollläden runter und lege mich aufs Bett. Es gibt nur eine Erklärung: Er weiß Bescheid.

Von Anfang an kursierten Geschichten: Der Vater geht herum und sucht den Mörder seiner Tochter. Er hat seinen Job verloren und auch sein Haus. Der Vater dreht durch.

Natürlich hat auch die Polizei rumgefragt, in den Jugendzentren, am Fritz-Kühn-Platz, auf der Alexanderhöhe, überall. Mich hat man dort nicht mehr gesehen. Ich war nur noch in meinem Zimmer.

„Das mit Jessi wirkt nach“, hat meine Mutter damals gesagt. Und mir die Stelle besorgt, bei einer GaLa-Bau-Firma in Hennen. „Da kannst du richtig anpacken“, hat meine Mutter gemeint, „das tut dir gut.“

Meine Mutter hat mir später auch die Wohnung hier am Nussberg besorgt, ansonsten weiß sie nichts. Sie weiß überhaupt nichts.

An dem Freitagabend hab ich Stich auf der Vespa abgeholt.

„Ich bin einer der wenigen, die übers Wochenende hierbleiben müssen“, hatte er vorher am Handy gemeint, „da dreht man echt durch.“

„Wie sind denn die anderen bei dir im Internat?», hatte ich neugierig gefragt. Weil über das Internat wusste man ja nichts.

„Langweiler, Musterschüler, Chorknaben. Wollen alle was werden, machen Sport und Musik. Ich kotz hier den ganzen Tag.“

„Und es fällt nicht auf, wenn du fehlst?“

„Elf Uhr letzte Kontrolle. Bin im Erdgeschoss. Das ist kein Problem.“

Jedenfalls hat er wirklich vorm Seilerseebad gestanden, wie besprochen, um halb eins.

„Endlich“, hat er gemotzt und sich hinten auf meine Karre geschwungen. „Du weißt, wo man was Besseres kriegt?“

„Ich hab einen Tipp.“

„Dann drück ich die Daumen, dass der auch passt.“

Von dem Moment an hab ich Blut und Wasser geschwitzt. Und mich gefragt: Wie kriegt der Typ das hin? Wie kriegt der hin, dass man Angst vor ihm hat?

Aber der Dealer war tatsächlich da. Kinderspielplatz Markgrafenstraße. Er trat aus dem Dunkeln, als wir mit der Vespa ranfuhren. Ein voll kaputter Typ, das sah man sogar auf die Entfernung, aber er hatte bunte Pillen dabei. Ich blieb bei der Vespa, Stich machte das Geschäft.

„Hundertfünfzig", hörte ich den Dealer sagen.

„Für den Rotz?" Stichs selbstsichere Stimme.

„Ey, das ist astreines Zeug, anderswo kann ich viel mehr dafür kriegen."

„Aber hier ist nicht anderswo, hier ist Iserlohn. Hundert, und du kannst froh sein, dass wir dir nicht die Fresse polieren. Verpiss dich von hier!"

Der Typ hat das tatsächlich gemacht. Hat auf Stich gehört und sich vom Acker gemacht. Kurz drauf kam Stich zurück, ein Grinsen im Gesicht und ein paar Pillen in der Hand. „Lass uns hinfahren, wo's schön ist."

„Wo's schön ist?", hab ich gefragt. Da fiel mir tatsächlich nichts ein.

Stich sah sich um. „Bleiben wir halt hier", hat er gemeint, „mit Kindern ist ja nicht mehr zu rechnen."

Stich hat dann sofort drei Pillen eingeschmissen und sich auf die Tischtennisplatte gelegt. Das sah komisch aus, weil er die Beine über das stählerne Netz gelegt hat, als wär es gar nicht da.

Ich selbst hab nur eine Pille genommen und mich

auf die Schaukel gehauen. Eine bequeme Schaukel mit einer ganz großen Fläche. Man konnte sich praktisch einrollen darauf. Ich hatte ein Gefühl von Leichtigkeit und Fliegenkönnen und überhaupt keine Angst.

Aber dann hat es irgendwann zu nieseln begonnen.

„Wollen wir woanders hin?“, hab ich zu Stich rübergerufen. „Ich meine, weil es zu pissen anfängt.“

„Pissen!“, Stich prustete, als hätte ich den Witz des Jahres gemacht.

„Du wirst total nass!“

„Nass!“ Wieder ein Lachflash bei Stich, der ging echt durch die Decke. Und dann hab ich ihn plötzlich aufspringen hören.

„Pissen!“, hat er gebrüllt und die Arme in den Himmel gestreckt. „Ich bin der Pisser der Welt!“

Dann ist er losgerannt zum Ausgang und von der Markgrafen- gleich zur Hembergstraße rauf. Ich wusste nicht, was tun und bin schnell hinterher. Womöglich lief der ja im Wahn vor ein Auto!

Stich war schnell. Er schrie zwischendurch, aber zum Glück war auf der Straße nichts los. Irgendein Fußballspiel. Sogar meine Mutter hatte zu Hause geguckt. Ich hörte Stich schreien, und dann sah ich ihn plötzlich auf dem Boden hantieren, direkt vor der Brücke. Er ruckelte da an irgendwas herum. An einem Gully.

„Was machst du da?“ Endlich war ich bei ihm, völlig außer Atem.

„Hilf mir!“, brüllte Stich. Und als ich nicht reagierte,

stand er plötzlich auf und kam auf mich zu, ganz nah, fasste mich an der Jacke. „Du hilfst mir, du Arsch!“

Und das tat ich dann. Ich weiß nicht, warum. Weil Stich so schrie. Weil er so war, wie er war. Ich half, den Gullydeckel aus der Verankerung zu ziehen. Er war nicht befestigt, die Verankerung lose. Auf jeden Fall kriegten wir ihn zusammen da raus.

„Und jetzt?“, hab ich ängstlich gefragt.

„Jetzt übers Geländer!“

„Aber ...“, hab ich gestottert.

„Übers Geländer!“, hat Stich gebrüllt.

Ich hab einfach nur gedacht, dass es gleich vorbei ist. Dass wir jetzt dieses Teil da runter schmeißen und dass es dann vorbei ist. Es würde einen lauten Knall geben und dann war es vorbei. Da würd nichts passieren. Vielleicht könnten wir den Gullydeckel ja so werfen, dass er auf den Standstreifen fiele.

Stich war viel stärker, als er aussah. Ein richtiges Tier. Oder nur ein Tier wegen der Pillen. Er zerrte mich und den Gullydeckel über die Straße zum Geländer Richtung Hemer. Zum Glück war dort unten kaum ein Auto unterwegs. Außerdem waren wir weit rechts, wo der Standstreifen war.

„Und jetzt?“, fragte ich außer Atem.

„Warten!“, brüllte Stich. Er war knallrot im Gesicht, was viel schlimmer aussah als seine wächserne Blässe.

„Warten worauf?“ Ich kriegte langsam Panik. Ich hatte das alles nicht im Griff.

„Da!“ Stich hat über die Brücke auf die Autobahn Richtung Hagen geschaut. „Da kommt ein Auto!“

„Aber wir können doch nicht –“

„FRESSE!“

Der Gullydeckel lag schon auf dem Geländer, und das Auto kam näher, wechselte plötzlich auf die rechte Spur. Und erst jetzt sah ich: Da unten, das war gar kein Standstreifen, das war die Abbiegespur Ausfahrt Seilersee! Ich wollte irgendwas tun, den Gullydeckel zurückreißen, schreien ... aber dann hat Stich wieder gebrüllt.

„JEEETZT!“ Und er hat den Gullydeckel runtergestoßen und ich hab ihn nicht festhalten können und er ist gefallen und dann hat man diesen ohrenbetäubenden Crash gehört und dann quietschende Reifen und ein gewaltiges Scheppern, das Auto überschlug sich zweimal, donnerte vor die Leitplanke, rutschte weiter und blieb dann irgendwann stehen.

Ich hab mich nicht bewegen können, ich war wie gelähmt – bis Stich irgendwas sagte. Das riss mich raus. Ich sah ihn an, sah sein Grinsen und hörte ihn sagen: „Geil!“

Ich habe Stich dann zum Internat gebracht. Er hat nichts mehr gesagt. Von dort aus bin ich irgendwie nach Hause gekommen, ich kann mich nicht erinnern. Am nächsten Tag zumindest lag ich im Bett.

Von Stich habe ich erst zwei Tage später wieder gehört.

„Am Seilersee“, *schrieb er.* „Ecke Bootsverleih, heute um sechs.“

Natürlich war ich da. Wenn Stich etwas sagte, machte ich das. Es gab nicht viel zu reden. „Morgen bin ich weg aus Iserlohn", sagte er zu mir. „Mein Vater hat eingesehen, dass das hier nichts für mich ist." Und dann kam er mir plötzlich ganz nah. Hielt mich an der Jacke und stierte mich wie geisteskrank an. „Wenn du auch nur ein Sterbenswort sagst, bist du tot!" Er hat mich noch einen Moment so gehalten, dann hat er losgelassen und mir auf die Schulter geklopft.

Und ich hab gemacht, was er sagte. Kein Sterbenswort gesagt.

Doch jetzt ist Stich tot. Mit einem Gullydeckel in einem Waldsee versenkt. Wenn es Stich erwischt hat, dann erwischt es auch mich.

Ich höre das Tropfen meiner Bewässerungsanlage. Ich züchte ein paar ausgefallene Pflanzen, die vor allem im Regenwald vorkommen. Mein Chef war begeistert, als er mich mal in meiner Dachgeschosswohnung besucht hat.

Ich möchte, dass etwas wächst. Dass etwas blüht.

Denn in Wahrheit bin ich ein Zerstörer.

Es muss schnell gehen. Die Presse hat bundesweit berichtet. Im schlimmsten Fall ist er gewarnt.

Er wohnt im zwölften Stock, ich nehme trotzdem die Treppe. Ich koste jede Stufe aus.

Ich weiß, dass er da ist. Seine Vespa steht im Fahrradverschlag. Wenn seine Vespa da ist, ist er selbst es auch.

Er öffnet nicht nach dem ersten Klingeln, auch nicht nach dem zweiten. Erst nach dem dritten Klingeln höre ich was.

„Ja?“, ruft er von drinnen. Es klingt genervt.

„Hausservice Brinkmann. Wir kontrollieren die Feuermelder. Ich hoffe, Sie haben das Kärtchen im Briefkasten gehabt.“

„Was für ein Kärtchen? Und warum samstags?“

„Wir überprüfen die Feuermelder“, wiederhole ich stupide, „regelmäßige Prüfung ist Pflicht, da sonst die Brandschutzversicherung nicht zahlt. Ihr Vermieter hat uns engagiert. Samstags sind die Leute zu Hause. Sie sind die letzte Wohnung, dann sind wir hier durch.“

Man hört ein Grummeln, dann macht er auf. Er sieht meinen Handwerkerlook, meinen Werkzeugkoffer, sieht mir sogar ins Gesicht. Aber ich bin nicht mehr der, der ich war. Mein Haar ist jetzt weiß, mein Gesicht von einem Vollbart bewuchert, das Basecap tief im Gesicht. Er dreht sich weg und sagt: „Aber machen Sie schnell!“

Ich mache schnell. Greife den 40er-Maulschlüssel aus meiner Box, strecke ihn von hinten nieder.

Als er wieder zu sich kommt, habe ich ihn in seinen Wohn-Schlafraum geschleift und seine Hände mit Kabelbinder am Heizkörper fixiert. Er ist klein, aber kompakt. Wahrscheinlich geht er jeden Tag pumpen.

Ich setze mich auf einen Stuhl ihm gegenüber und sage höflich „Guten Tag.“

„Sie sind es“, sagt er. Er klingt nicht eigentlich

ängstlich. „Ich wusste, dass Sie mich suchen. Ich dachte nur nicht, dass Sie hierherkommen. Wie haben Sie mich gefunden?“

„War nicht so schwer.“ Mein Tonfall ist beinahe heiter. Es freut mich, dass er eine Art Geständnis ablegt: Er hat mich erwartet.

„Der Dealer hat sich an zwei Kunden erinnert: einer auf einer Vespa, einer mit Geld. Den mit Geld habe ich im Internat aufgetan. Eine Reinigungskraft hat mir erzählt, dass es da einen unangenehmen Typen gab, der nur kurz da war und plötzlich ausgecheckt hat, zu einem Zeitpunkt, der für mich interessant war. Und den Jungen mit der Vespa ... ehrlich gesagt, in deinem Alter gibt's da nicht viele. Du hättest umsatteln sollen.“

„Erinnerung“, murmelt er, „an meinen Vater.“

Und dann schweigt er vor sich hin. Ich schaue mich um. Es riecht erdig im Raum, und jetzt weiß ich auch, warum. Die paar Quadratmeter unter den Schrägen sind mit Pflanzen zugestellt. Der Bursche hat eine besondere Beleuchtung angebracht sowie eine Bewässerungsanlage.

„Du züchtest deinen Stoff inzwischen selbst?“

Er sieht mich erstaunt an. „Quatsch! Das sind Exoten, die besondere Bedingungen brauchen. Ich nehm keine Drogen.“

Mir entweicht ein Seufzer.

Seine Augen sind glasig. „Ich nehme keine Drogen – seit dieser Nacht.“

Es erstaunt mich erneut, dass er nicht ausweicht, nicht lügt und beteuert. Wie es sein Kumpel gemacht hat.

„Warum habt ihr das getan?“, frage ich.

„Warum haben wir –“ Er bricht ab.

Aber ich habe Zeit.

Und dann berichtet er. Und natürlich ist er nicht schuld. Der andere hatte die Idee. Der andere hat es getan. Das habe ich auch von seinem Kumpel gehört.

„Legen Sie los!“, sagt er schließlich. «Ich bin bereit. Und ich bin froh, dass es endlich vorbei ist.“

Nun überrascht er mich wieder. „Du hast keine Angst?“

„So ist es kein Leben“, sagt er. „Die Schuld ist immer dabei. Ich hab Stich nicht abhalten können. Es ist gut, dass etwas passiert.“

Ich sehe ihn an. Vielleicht pumpt er gar nicht, vielleicht hat er die Muskeln von der Arbeit. Landschaftsgärtner schuften sehr viel.

„Wie heißen die Pflanzen?“, frage ich und sehe mir die Gewächse an.

„Aeschynanthus, Crossandra, Stephanotis ...“

„Und die mit den rosafarbenen Kelchblättern?“

„Medinilla magnifica. Die kleinen Blüten sind Beeren. Man kann sie hier gut halten, aber sie selber zu züchten, ist nicht ganz leicht.“

Ich schaue mir die Anlage an. Kein Komplettset aus dem Fachmarkt, das wirkt alles selber gebaut.

„Warum machst du das?“, frage ich.

Er möchte antworten, stockt aber.

Ich warte ein bisschen. „Warum?"

Er spricht leise mit gesenktem Kopf, aber ich höre es doch. „Es ist schön, wenn etwas Neues entsteht."

Ich betrachte ihn eine Weile, dann gehe ich zur Balkontür. Ich trete nach draußen, sehe unter mir die Stadt. In der Ferne meine ich die Zwillingstürme von St. Aloysius zu erkennen.

Was hat er gesagt? „So ist es kein Leben. Es ist gut, dass etwas passiert."

Der Junge weiß viel für sein Alter. Der Junge hat recht.

Ich schreie. Aber der Vater scheint nicht zu hören. Klettert über das Geländer. Blickt sich noch einmal zu mir um.

„Nein!", schreie ich. „Tun Sie das nicht!"

Er lächelt. Einen Moment denke ich, er kommt zurück. Aber dann ist er weg. Gefallen. Oder besser: gesprungen. Ich rüttle am Kabelbinder, aber ich komme nicht los.

Ich schreie. Ich bin ein Zerstörer.

Ich habe Lavendel gepflanzt. Und Rosen. Dazwischen habe ich ein paar Steine gelegt. Luisa hat angeblich Steine geliebt. Und ihr Vater hat seine Tochter geliebt. Ich bin auf Bewährung. Ich bin in Therapie. Vielleicht bin ich nicht nur ein Zerstörer. Vielleicht kann doch etwas Neues entstehen.

Damen-Solo

Ich glaube, je älter man wird, desto besser weiß man, was man wirklich braucht. Ich brauche meine Doppelkopf-Runde. Ohne sie wäre ich nicht durch die Corona-Zeit gekommen.

Es ist nicht nur die Ablenkung des Spiels, das Ausfechten einer Gewinnerin. Es ist das Gefühl, getragen zu sein, gemeinsam durch gute und schlechte Zeiten zu gehen.

Ich träume sogar davon, irgendwann mit meiner Runde zusammenzuwohnen – in einer Alten-WG. Jeden Abend Doppelkopf … wobei, das muss gar nicht sein. Mir geht es um die Gemeinschaft. Zwar sind wir sind so unterschiedlich wie die vier Damen im Französischen Blatt, aber wir ergänzen uns gut.

Birgit arbeitet in einer Parfümerie und ist ein bisschen Mimi, Petra stellt die perfekte Orga-Frau dar, Sabine die cool-chaotische Friseurin, und ich? Ich bin Chemikerin und eher der nüchterne Typ. Schließlich war ich lange bei Bayer, bevor ich ins Sauerland zurückgekehrt bin.

Vom Alltag und von den kleinen und großen Katastrophen erzählen wir uns zwischen zwei Stichen.

Unvergessen, wie Sabine, nachdem sie einmal den

Kreuzbuben abgestochen hatte, völlig trocken meinte: „Ich schieße Markus in den Wind."

Das war immerhin eine sehr grundlegende Nachricht. Die beiden waren lange verheiratet. *Zu* lange, wenn man mich gefragt hätte.

„Wie bitte?", Birgit fiel beinahe vom Stuhl. „Was ist der Grund?"

Der Grund war Claudia Sanger, wie wir dann erfuhren. Markus hatte sie beim Klassentreffen wiedergetroffen.

„Und wie geht es dir damit?", wollte Petra wissen.

„Phantastisch", meinte Sabine, „es ist wie mit einem alten Klavier, das man nicht mehr spielt, aber ungern zum Sperrmüll stellen will. Ich bin froh, dass ich ihn in liebevolle Hände abgeben kann."

Länger haben wir uns dann mit der Sache gar nicht beschäftigt. Wobei, ich schon. Die Idee von der Alten-WG war ein Stück näher gerückt. Aber egal, die nächste Runde stand an.

So ist es jetzt auch. Die Karten sind verteilt und alle haben sortiert. Birgit überlegt noch, ob sie einen Vorbehalt hat, Sabine stopft sich Nüsschen in den Mund, Petra nimmt einen großen Schluck Wein.

Übrigens, Sabine … Petra … Birgit … man merkt schon, wir gehören zur Boomer-Generation. In meinem Freundeskreis gibt es fünf Petras, vier Claudias und drei Sabines.

Wer bei einem Grönemeyer-Konzert durchgibt, dass

„*Andrea*" mal zu ihrem Auto kommen soll, wird sich auf einen Ansturm in Klassengröße einstellen müssen.

Aber darum geht es jetzt nicht, mir geht es um meine Runde. Eine reine Frauenrunde, das ist sehr entspannend. Und auch wieder nicht. Meine Damen neigen zu Fehlentscheidungen im Beziehungsbereich. Für mich hat sich das erledigt. Ich hatte meine Zeit, zweifellos, aber die ist jetzt vorbei und etwas anderem gewichen. Was für mich zählt, ist Freundschaft.

Wer bei einem Grönemeyer-Konzert fragt, wer noch mit dem Ehepartner das Schlafzimmer teilt, muss ziemlich lange warten, ob sich überhaupt jemand meldet. So ist das nun mal in einer Dauer-Beziehung. Meine Damen allerdings sind davon nicht alle überzeugt.

Just in diesem Moment unterbricht Birgit die Stille.

„Hochzeit", haut sie raus, und für einen Augenblick denke ich das Schlimmste, nämlich, dass sie sich nochmal vor den Altar schleppen lässt. Bei Birgit weiß man echt nie. Vor allem, seitdem sie Östrogen nimmt.

Diese Neuerung hat sie uns vor ein paar Wochen mitgeteilt.

Nach dem vierten Stich in einem Oma-Spiel sagte sie plötzlich „Ich nehm jetzt Östrogen."

Allgemeines Entsetzen. „Oh nein", meinte Sabine, „dann wirst du total samtig und nett. Dann passt du nicht mehr in unsere Runde."

„Naja", meinte Birgit, „ich nehme es schon länger … merkt man schon was?"

„Nein“, sagten wir völlig synchron.

‚Gott sei Dank‘, wäre es mir beinahe herausgerutscht, denn Birgit ist hormonell besonders gefährdet.

Fortwährend denkt sie, sie brauche einen Partner – und sucht sich dann immer die falschen Kerle aus. Jürgen zum Beispiel. Eine totale Lusche. Der dann auch noch gewalttätig wurde. Gott sei Dank ist er Geschichte. Aber Östrogen ist wirklich das Letzte, was Birgit braucht.

„Sieh dir Petra an“, sage ich ihr regelmäßig. „Willst du so enden wie sie?“

Petra ist mit Georg verheiratet, so weit, so schlecht. Georg ist lieb, aber harmlos. Typ Karo Bube, würde ich sagen. Das Problem ist vor allem, dass auch Georgs Mutter noch lebt. Und zwar nicht irgendwo, sondern bei Georg und Petra im Haus. Mich interessiert bei dem Thema nur eins: ob man bei einem Doppelmord Strafrabatt kriegt.

Inge, so heißt Georgs Mutter, hatte nach Sturz und Reha behauptet, sie habe nur noch wenige Monate zu leben. Da wäre es schön, die nicht allein zu verbringen, sondern in Georgs und Petras Haus, das ist seniorengerecht.

Petra hatte uns das bei einem Rückstand von dreißig Punkten erzählt, sie war an dem Abend nicht auf der Höhe.

„Lass dir das schriftlich geben“, habe ich damals gesagt. „*Ein paar Monate* wär mir zu vage.“

„Du bist herzlos“, hat daraufhin Birgit gemeint.

Ich habe in mein Blatt geguckt und geantwortet: „Herzlos – kann man nicht sagen."

Fakt war vielmehr, dass Schwiegermutter Inge eine Herzschwäche hatte, darf man ja auch haben mit sechsundachtzig.

Fakt ist aber auch, dass man daran nicht zwangsläufig stirbt. Jedenfalls ist sie auch nach sechs Monaten noch da, und täglich geht es ihr besser – während Petra zusehends leidet.

Kein Wunder: Inge nörgelt an allem herum: *„Ach, ihr kauft im Bio-Laden? Ich dachte, in diesen Zeiten spart man ein wenig." … „Du gehst alleine aus – ohne deinen Mann? Na, so ist das offenbar in modernen Ehen." … „Oh je, niemand kann mich zum Friseur bringen? Aber du hast doch mittwochnachmittags frei."*

Petra tut wirklich alles für Inge, sie hat sogar arrangiert, dass Sabine jetzt ins Haus kommt, um Inge die Haare zu machen. Aber die weiß es überhaupt nicht zu schätzen. Kurzum: Inge ist ein Drache – nur dass Georg leider kein Drachentöter ist.

Doch zurück zum Spiel. Sabine bekommt den ersten Stich, Birgit spielt deshalb ihre „Hochzeit" mit ihr. Eine sichere Partie, aber wenige Punkte, weil nichts angesagt war. Hätte sie mal ein Damen-Solo gespielt.

„Was gibt's Neues?", frage ich, während Sabine die Punkte aufschreibt.

Birgit erzählt, dass sie nächste Woche zum Open-Air-Kino geht, Sabine, dass ihr Vermieter Eigenbedarf angemeldet hat, dann platzt Petra heraus. „Irgendwann bringe ich meine Schwiegermutter um."

„Gute Idee", sage ich, „wann machen wir das?"

Birgit verdreht genervt die Augen. „Was ist passiert?", wendet sie sich anschließend an Petra. Ihre Stimme trieft vor Sanftheit und Empathie, ich sag nur Östrogen. „Hat sie wieder was zu eurer Unterwäsche gesagt?"

Schwiegermutter mahnt ständig an, dass Unterwäsche gebügelt werden sollte. „Korrekte Unterwäsche ist das A und O", pflegt sie zu sagen, „für den Fall, dass man einen Unfall hat und ins Krankenhaus muss."

Total übergriffig, ich kapiere nicht, warum Petra das alles mitmacht. Und by the way: Für meine Mutter war unpassende Unterwäsche auch ein Problem, aber in ganz anderer Hinsicht. „Stell dir vor, du läufst heute Don Johnson über den Weg und trägst einen ausgeleierten Schlüpfer."

„Nee, die Unterwäsche war es diesmal nicht", Petra wirkt ernsthaft benommen, „wobei – naja, irgendwie doch."

Sie nimmt einen großen Schluck Wein, dann beginnt sie zu erzählen. Dass sie letztens mit den Leuten aus der Praxis unterwegs war. Und dass sie nach dem Essengehen leichtfertig gesagt hat: „Kommt doch noch auf einen Absacker zu uns."

Petra macht eine Pause.

„Hat sie vor den Kollegen an dir rumgenörgelt?", will Sabine wissen.

„Nee, anders“, sagt Petra, „ihr wisst ja, sie ist total sparsam. Und irgendwie noch vom alten Schlag.“

Die Sparsamkeitsstorys von Inge sind immer die besten. Wenn sie sonntags zum Gottesdienst geht, vergisst sie nie, in der Kirche ihr Handy aufzuladen.

„Also, wir kommen ins Haus …“, schildert Petra und stockt dann schon wieder. „Ich fange anders an. … Ich wusste nicht, dass Inge, um Strom zu sparen, kein Licht macht, wenn sie aufs Klo geht.“

Keiner reagiert. Wir verstehen nicht den Punkt. Noch nicht.

„Sie lässt stattdessen die Tür zum Flur offenstehen. Auch bei einem großen Geschäft.“

Keiner reagiert. Wir verstehen jetzt den Punkt. Und stellen uns das ganz genau vor. Wir alle sind froh, dass wir seit Schwiegermutters Einzug nicht mehr bei Petra spielen.

„Es war in jeder Hinsicht entsetzlich“, Petra nippt wieder am Wein, ganz offensichtlich muss sie sich betäuben, „Und eins kann ich sagen: Auch beim Toilettenpapier ist Inge sehr sparsam.“

„Verstanden“, kürze ich ab, „ich nehme an, korrekte Unterwäsche konnte da nichts mehr retten.“

Birgit, unsere Parfüm-Frau, wirkt irgendwie paralysiert, Sabine fragt, wie Georg sich positioniert.

„Der flieht in den Keller“, sagt Petra, „weil Inge die steile Treppe nicht geht. Dort bastelt er dann an seinen Funkanlagen herum.“

„Und wenn sie über dich lästert?“, will Sabine wissen. „Du hast gesagt, dass sie das andauernd tut.“

„Er ist ihr nicht gewachsen. Trinkt lieber ein Glas mehr, statt ihr Paroli zu bieten.“

„Du musst da raus“, halte ich fest. „Wenn Georg nicht eingreift, ist er selbst schuld.“

„Raus aus dem Haus?“, Petra sieht mich unglücklich an. „Aber da ist doch mein Garten. Da ist Mikasch, mein Kater. Da ist alles, was ich mag.“

Nach dieser Aufzählung von Grünzeug und Kleinvieh betretenes Schweigen. Bis Sabine resigniert die Karten aufnimmt.

„Ich bin jedenfalls froh, euch zu haben“, sagt Petra geknickt.

„Schön“, erwidere ich, „müssen wir nur noch die Dulle loswerden.“

Habe ich schon mal erzählt, warum ich Doppelkopf mag? Es ist logisch, anspruchsvoll, jede Karte hat ihren Wert – und trotzdem gibt es Überraschungen durch die Kartenverteilung. Was ich nicht gerne spiele, ist „eine Schweinerei“. Wenn eine Spielerin beide Karo-Asse hat, werden ohne Ansage die Kartenwerte über den Haufen geworfen. Das ist unkalkulierbar, das hab ich nicht gern.

Wir sitzen zum Spielen bei Petra, endlich ist das wieder möglich.

Unsere Gastgeberin ist noch etwas blass, aber mit

jeder Woche geht es ihr besser. Doko ist eine gute Medizin.

Sabine und ich hatten alles 1a geplant. Es sollte laufen wie bei Jürgen, diesem Aggro-Narzissten, der Birgit mal bedroht hat.

Ich hatte das Kontaktgift hergestellt, E 605, ursprünglich ein frei zugängliches Pflanzenschutzmittel, bis eine Frau es in den 50er Jahren mal anders genutzt hat. Sabine wollte es Inge mit der Haarkur auftragen. Die Wirkung erfolgt verzögert und gleicht einem Herzanfall, so war es zumindest bei Jürgen.

Ich weiß noch, wie ich zu Sabine sagte: „Hoffentlich kriegst du bei Inge noch eine schöne Frisur hin, ist für die Aufbahrung besser."

Und dann lief alles ganz anders. Eine „Schweinerei" irgendwie.

Wie bei den Karo-Assen kamen zwei Dinge zusammen: Georg hatte zu viel getrunken. Und die Katze lag auf Stufe zwei. Er ist die Kellertreppe komplett hinuntergestürzt und am nächsten Tag im Krankenhaus verstorben. Tragischerweise war das zu viel für Inges Herz. Möglicherweise hatte Georg im Krankenhaus die falsche Unterwäsche an. Es gibt Geschichten, die kannst du nicht erfinden.

Jetzt lebt Petra allein im großen Haus, es ist eine Schande.

Birgit hat gegeben, so dass Sabine herauskommt und zunächst „Vorbehalt?", fragt.

„Ja – ich“, die Meldung kommt von Petra, „ich möchte ein Damen-Solo spielen.“

Sie schaut in die Runde, aber dann schiebt sie zu unserer Überraschung ihre Karten zusammen und legt sie auf den Tisch.

Alle schweigen betreten, was kommt jetzt? Ein Trauerausbruch?

„Ich habe eine Frage“, sie schluckt, schaut uns unsicher an, „was haltet ihr von einer Alten-WG? Dieses Haus ist bis auf die Kellertreppe seniorengerecht.“

Wir alle sind verdutzt, aber in keinem Gesicht kann ich Ablehnung lesen, in Sabines wegen Eigenbedarfs regelrechte Freude. Trotzdem sage ich es als Erste: „Ich gehe mit.“

Dran glauben

Ich schaue in den Spiegel der Zugtoilette, schiebe den Priesterkragen zurecht. Meine Oma würde weinen, wenn sie mich so sähe. Sie hat immer gesagt: „Pawel, es ist wichtig, dass man glaubt."

Meine Oma war eine stramme Katholikin. Wallfahrt zur Schwarzen Madonna. Leuchtendes Kruzifix über dem Bett. Und Bilder vom polnischen Papst in der ganzen Wohnung.

Ich habe das behalten: *Es ist wichtig, dass man glaubt.* Für mich persönlich ist wichtig, dass man *mir* glaubt.

Und das hat mit meinen verschiedenen Berufen zu tun.

Ich habe als Spargelstecher angefangen. Polnische Karriere, wie man sie im reichen Deutschland damals so machte. Bis die Rumänen nachgerückt sind. Dann bin ich in den Autohandel eingestiegen. Transferfahrten, Papiere fälschen, Verkauf. Bis die Rumänen nachgerückt sind.

Dann habe ich mich gefragt: Was wird in Deutschland wirklich gebraucht? Ärzte natürlich. Deshalb habe ich zwei Jahre im Wiesbadener Land in einer orthopädischen Praxis gearbeitet.

Als Orthopäde muss man nicht viel können. Zeugnisse und Bescheinigungen habe ich mir im Internet besorgt. Das ist meine Spezialität. *Eine* meiner Spezialitäten. Ich habe noch andere. Ich bin ein guter Schauspieler. Ich spreche perfekt Deutsch. Ich war Dr. Bolek Mioduchowski.

Wenn man unbemerkt bleiben will, ist es wichtig, dass man einen schwierigen Nachnamen hat. Der Vorname dagegen sollte einfach sein, denn bei dem wird man dann von allen der Einfachheit halber genannt. *„Bolek? Wie in Lolek und Bolek? Das ist ja lustig."*

Die Zeit als Orthopäde war gut, ich habe vielen Leuten geholfen. Erstmal wurde geröntgt, das haben die Damen gemacht. Dann habe ich meine Patienten zur Krankengymnastik geschickt und zur Massage – diese Leute können mehr tun als wir Orthopäden. Ich wäre gern mein Leben lang Orthopäde geblieben. Mein Chef, Dr. Voss, war ein netter Typ und seine Frau Annette nicht uninteressant. Ich habe bald schon doppelt Dienst geschoben. Wenn der Chef freihaben wollte, war ich in der Praxis. Wenn er arbeiten wollte, habe ich bei ihm zu Hause das ein oder andere erledigt.

Aber ausgerechnet Annette hat am Ende Probleme bereitet. Unschöne Geschichte, ich musste da weg.

Anschließend habe ich mich wieder gefragt: Was wird in Deutschland gebraucht? Und festgestellt: An Priestern herrscht echter Mangel. Priester ist leicht, weil meine Oma mich da als Kind praktisch ausgebildet hat.

Außerdem gefällt mir der Beruf, weil ich nach Annette die Frauen echt leid bin.

Mein neues Wirkungsgebiet hat sich schnell ergeben. Nach Soest habe ich als Kind schon gewollt.

Ich stamme aus *Strzelce Opolskie,* das liegt in Oberschlesien und ist die Partnerstadt von Soest. In meiner Kindheit gab es einen Jugendaustausch. Mein Freund Milosz ist einmal mitgefahren und hat nachher erzählt, in Soest gäbe es mehr Kirchen als Häuser. Ich wollte damals auch einmal hin, aber meine Oma hat die nötigen Zlotys für die Fahrt nicht zusammengebracht. Jetzt, dreißig Jahre später, hole ich es nach. Ich komme als Karol Wojciechowski, katholischer Priester – gut, dass meine Oma nichts davon weiß.

„Pawel", hat sie immer gesagt, „unser Papst hat den Polen Ehre gebracht. Mach du das auch!"

Nun ja, ich weiß nicht, ob mein Werdegang sie wirklich stolz gemacht hätte. Meine Karriere läuft ja schon etwas anders.

Als ich in Soest ankomme, bleibe ich auf dem Bahnhofsvorplatz wie angewurzelt stehen: Bäume voller Krähen. „Herr im Himmel!", hat meine Oma beim Anblick von Krähen immer gesagt. „Der Tod klopft an unsere Tür."

Mist, denke ich, den Tod wollte ich eigentlich hinter mir lassen.

Aber dann entdecke ich in der Ferne Zwillingskirchtürme. Wie satte Spargel ragen sie in den Himmel. Ich komme, denke ich, ich komme, um zu ernten.

In der Kirche angekommen, suche ich vergeblich das Weihwasserbecken – und auch Kniebänke sind nicht zu finden. Deutscher Katholizismus – pffh.

Immerhin, jede Menge Mariendarstellungen – aber man kann davor gar kein Kerzchen anzünden.

„Sie interessieren sich für das westfälische Abendmahl?" Ich fahre zusammen. Eine Stimme von hinten.

Die Dame blickt auf das Fenster über mir, dahin blicke ich jetzt auch. „Haben Sie schon den Schinken entdeckt und den Schnaps und den Pumpernickel?"

Bislang frage ich mich nur, ob mit dieser Frau alles stimmt, dann sehe ich einen Schweinskopf in der Fensterlandschaft. Die haben hier tatsächlich das Abendmahl mit regionalen Produkten nachgestellt. Das ist der Hammer, denke ich, in Polen ständen jetzt Wodka und Bigos auf dem Tisch.

„Sehr interessant." Ich spreche in einem verlangsamten, huldvollen Ton. So, wie Karol Wojciechowski, ein frommer, vergeistigter Neupriester, spricht. Dabei werfe ich einen Blick auf meine Gesprächspartnerin. Ende sechzig, kurzes Haar, praktische Schuhe. Der Typ patente Ehrenamtlerin. Wenn sie ausgeht, trägt sie statt Handtasche bestimmt so ein ledernes Rucksäckchen auf dem Rücken.

Offenbar ist sie eine Art Kirchenführerin und sitzt

halbe Tage in der Kabine am Eingang – die gute Seele dieses Sakralbaus. Könnte wichtig sein, Karol, pass auf!

„Wunderbare Mariendarstellungen", schwadroniere ich.

„Nicht wahr?", sagt sie. „Und das in einer evangelischen Kirche!"

Ich falle vom Glauben ab! Das hier ist eine evangelische Kirche? Gefühlt gibt es hier über fünfzig Mariendarstellungen, daneben schicke Fenster und jede Menge Tamtam! Wenn in Soest schon die evangelischen Kirchen *so* aussehen, wie sehen dann die katholischen aus?

„*Maria in Pratis*", erklärt meine Kirchenführerin, „das heißt Maria zur Wiese. Früher hieß die Kirche *Maria in Palude.* Maria im Sumpf, weil das Gelände hier extrem sumpfig war."

Ich verstehe nur Kraut und Rüben – oder Wald und Wiese – oder Modder und Sumpf.

Die Kirchenaufseherin mustert mich interessiert. „Sie sind katholisch, nehme ich an?"

Ich fasse an meinen Priesterkragen, als wüsste ich es selbst nicht mehr so genau.

„Ganz recht", sage ich und dann überlege ich, dass Karol Wojciechowski vielleicht etwas lockerer sein könnte. Der neue Typ Priester, der auch die Jugend gewinnt. Der den Evangelen die Hand reicht und sich nicht über fehlende Weihwasserbecken aufregt.

„Eine tolle Kirche", sage ich. „Und Sie sorgen dafür, dass hier nichts wegkommt?"

„Die Kirche ist jeden Tag auf", sagt mein Gegenüber, „aber ich mache nur einmal in der Woche Dienst. Ansonsten engagiere ich mich in der Frauenhilfe – vor allem, seit mein Mann tot ist."

„Großartig", sage ich und verkneife mir, der Dame dafür meinen Segen zu spenden. „Was wäre die Kirche ohne Frauen wie Sie?"

„Sie wäre nicht mehr da", sagt sie nüchtern. „Margarete Grossner." Sie reicht mir die Hand.

„Karol Wojciechowski aus Lublin." Ich lächele verbindlich.

„Karol?", fragt Margarete. „Wie damals Ihr Papst? Das ist ja lustig."

„Ich reise im Rahmen der Recherchen für meine Doktorarbeit durch Deutschland." Margarete lächelt interessiert, ich wage mich vor. „Vielleicht können Sie mir ein günstiges Hotel empfehlen?" Ich setze meinen Hundeblick auf. Bestimmt funktioniert er auch bei evangelischen Witwen. „Anders als die Priester in Deutschland haben wir kein nennenswertes Grundeinkommen in Polen. Ich muss mich quasi selbst finanzieren."

Margarete sieht mich an. Sie überlegt. Noch ist offen, in welche Richtung sie denkt.

„Ich wohne hier um die Ecke", sagt sie schließlich. Es ist die richtige Richtung! „Und ich habe zwei Zimmer frei. Wenn Sie keine großen Ansprüche haben, können Sie ein paar Tage bei mir unterkommen."

Ich überlege. Ich überlege nicht wirklich, aber ich gebe mir den Anschein, als müsste ich überlegen. Ich will in kein Hotel, zwar hab ich das Geld, aber in Hotels wird man mich eventuell suchen.

„Sehr gerne", sage ich schließlich. „Gelebte Ökumene ist ja praktisch mein Forschungsgebiet."

Margarete lächelt. „Na dann."

Grete und ich verstehen uns prächtig. Die ersten zwei Tage verkrieche ich mich zwar in meinem Zimmer, aber am dritten Tag frühstücken wir ausgiebig, und Grete erzählt von einem Projekt in Peru, das sie mit ihrer Freundin Irmi aufgezogen hat.

Sie wollen dort eine Schule bauen, aber Irmi ist inzwischen sehr krank, Grete wird die Sache wohl alleine durchziehen müssen.

„Am Ende will ich sagen können, ich habe in meinem Leben etwas bewirkt."

Ich lächle salbungsvoll.

„Können Sie das auch von sich sagen", wendet sich Grete plötzlich sehr persönlich an mich, „dass Sie in Ihrem Leben etwas bewirkt haben, Karol?"

Hupps, eine Gretchenfrage! Habe ich jemals etwas bewirkt? Ich könnte eine Verbesserung der Fahrzeugsituation im östlichen Europa anführen oder die Heilung psychosomatischer Rückenerkrankungen – doch dann fällt mir Annette ein, und dass es sie jetzt nicht mehr gibt.

„Ich habe schon einige Menschen in ihrer letzten Stunde begleitet."

„Das war sicher nicht leicht." Grete sieht mich mitfühlend an.

„Wie wahr", sage ich, „wie wahr."

Dann schaue ich auf die Uhr. Heute muss ich die Lage sondieren. Wer weiß, wie lange Grete mich noch will?

„Die Arbeit ruft, ich möchte die kirchlichen Bauten studieren."

Grete nickt. „Tun Sie das. Ich habe ein Treffen in Sachen Peru."

Die Stadt gefällt mir – gern würde ich hier ein paar Jahre als Priester verbringen.

Allerdings habe ich dann möglicherweise auf die falsche Karte gesetzt. Alles evangelisch. Immerhin, der Patrokli-Dom ist katholisch. Ich zupfe meinen Kragen zurecht, auf in den Kampf!

Reliquien, Weihwasser, Kniebänke – hier ist alles genau wie zu Hause. Sogar eine Krypta, da geh ich erstmal rein. Krypta, das ist das Geheimnis in der Tiefe, da geht man der Seele auf den Grund. Ein paar Kerzen flackern, ich knie mich in die Bank und sofort erscheint Annette vor meinem inneren Auge. Es war alles so wunderbar harmonisch zwischen uns, bis sie irgendwann mit diesem seltsamen Lächeln vor mir stand.

„Dr. Bolek Mioduchowski", sagte sie, und ich wusste

sofort, dass sie wusste. Daher machte ich mir gar nicht erst die Mühe, etwas zu erklären. „Was willst du?"

„Dich." Sie lächelte wieder – verschlagen, wie ich fand. „Und noch eine Kleinigkeit. Dass du meinen Gatten beseitigst."

Sie hatte sogar schon einen Plan ausgetüftelt. Fingierter Autounfall. Ich hörte mir alles ganz genau an. Und traf eine Entscheidung.

„Wo soll das stattfinden?"

„Ich zeig's dir." Sie nahm den Autoschlüssel, wir fuhren los.

Es sollte ihre letzte Autofahrt sein. Ich lasse mich ungern manipulieren.

„Darf ich stören?"

Ich fahre herum. Ein Priester steht vor mir – ein Mitbruder. Ich stelle mich vor.

„Ah, Lublin", sagt er. „Dann wird Ihnen Bruder Zawadzki ein Begriff sein. Er hat ja viele Jahre in der Priesterausbildung …"

Mein Kopf schwirrt. Das ist das Schlimmste, was einem passieren kann – alte Bekannte.

„Leider nicht", rede ich mich raus, „ich war ja nur im Rahmen meiner Doktorarbeit -"

Nichts wie weg hier, gefährliches Pflaster!

„Wenn Sie mit uns Messe feiern möchten", sagt der Kollege, „Sie sind jederzeit willkommen."

„Ein andermal gern." Danke, danke und weg!

Ab nach Hause. Ich muss dringend mit Margaretes

Laptop ins Internet gehen. Er steht auf dem Wohnzimmertisch und ist durch kein Passwort geschützt. Warum auch, wir sind ja unter uns.

Im Fall des ausgebrannten Unfallwagens bei Wiesbaden herrscht weiter Unklarheit.

Kein Wort darüber, dass die Insassin schon tot war, als das Auto verbrannte. Ich lehne mich beruhigt zurück. Dann rufe ich die Webseite der Orthopädie-Praxis Voss auf. Ein Bild von Annette – mit einem schwarzen Trauerflor.

„Aufgrund des Todes meiner lieben Frau bleibt meine Praxis bis auf weiteres geschlossen. – Dr. Udo Voss“.

Auch da also alles beim Alten.

Der Chef hat Verständnis gehabt, dass ich mir eine neue Stelle suche in dieser unsicheren Situation. Voss war sich nicht sicher, ob er je wieder aufmachen wollte. Armer Kerl.

Wenn er wüsste, dass seine Frau ihn umbringen wollte …

Ich höre Stimmen vorm Haus, Margarete. In Windeseile schalte ich den Laptop aus und schiebe ihn auf seinen Platz.

Am Abend ist Margarete verspannt.

„Haben Sie Sorgen?“, nehme ich sie ins Gebet. Sie schaut mich traurig an. „Irmi“, sagt sie, „es geht zu Ende mit ihr.“

„Oh!“ Jetzt ist der Seelsorger gefragt, ich setze mich auf, bin ganz bei ihr. Bei Margarete.

„Sie hat keine Familie im engeren Sinne, deshalb will sie, dass ihr Vermögen unserem Peru-Projekt zugutekommt.“

Vermögen. Das ist eine Sache, die mich grundsätzlich interessiert. Annette hatte tausend Euro im Portemonnaie – Shoppinggeld für die Arztfrau – das ist jetzt meins, aber mit dem Geld komm ich nicht weit.

„Jetzt will der Neffe ans Geld“, sagt Margarete. „Er behauptet, Irmi sei schon nicht mehr zurechnungsfähig gewesen, als sie ihr Testament gemacht hat.“

Ein Neffe, wie lästig.

„Es wäre eine Schande, wenn ihr Vermögen gegen ihren Willen verwendet würde.“

Ich betrachte Grete, vor allem den scharfen Zug um ihren Mund. Sie denkt an Irmi, na klar, aber mehr noch denkt sie an ihr Projekt.

„Um wieviel Geld geht’s denn?“

Grete überlegt einen Moment. „Zweihunderttausend“, sagt sie dann. Mir läuft das Wasser im Munde zusammen.

„Und Irmi lebt noch, oder?“

„Sie lebt noch, und das Geld ist auf ihrem Sparbuch. Ich habe eine Vollmacht, seitdem sie nicht mehr aus dem Haus kommt.“

„Aber dann ist es doch ganz einfach“, rutscht es mir heraus.

„Wenn ich das Geld jetzt abhebe, wird der Neffe nach

ihrem Tod dagegen vorgehen und es zurückfordern", erklärt Grete düster.

Wen interessiert, was der Neffe fordert, wenn das Geld erstmal weg ist? Und ich mit dem Geld?

„Ich werde für Irmi beten", sage ich und stehe auf. „Und für Sie auch, Margarete."

Am nächsten Tag geht mir Grete aus dem Weg. „Projektrecherchen", murmelt sie und zieht sich in ihre privaten vier Wände zurück. Sie kümmert sich einen Teufel ums Essen, was ich ziemlich nachlässig finde. Ich muss ins Städtchen und mich selber versorgen.

Grete lächelt, als sie nach meiner Rückkehr die Haustür aufmacht. Es ist ein Lächeln, das mich an jemanden erinnert.

„Was ist los?", frage ich irritiert.

Statt einer Antwort dreht sie den Schlüssel im Schloss, zieht ihn ab und führt mich ins Wohnzimmer.

Dort schaut mich jemand an. Aus Margaretes Laptop schaut er mich an: Dr. Bolek Mioduchowski. Ich lese, dass ich gesucht werde in Sachen Annette Voss. Weil man sich von Bolek „wichtige Erkenntnisse" über den Unfallhergang verspricht.

„Und jetzt wird gebeichtet", sagt Grete mit einem Lächeln. Einem Lächeln, ähnlich verschlagen wie das von Annette.

Meine Oma hat immer gesagt: „Pawel, der liebe Gott führt dich stets dorthin, wo du am meisten gebraucht wirst."

Offenbar findet der liebe Gott, dass das in meinem Fall Peru ist. Vielleicht findet das aber auch nur Margarete.

Ich hätte damals den Browserverlauf löschen sollen, nachdem ich ihren Laptop benutzt hab. Grete hat alles gelesen, was ich auch gelesen habe – und noch einiges mehr. Unter anderem den Fahndungsaufruf der Polizei, der gerade erst online gegangen war. Ich steckte *in palude* – im Sumpf.

„Ich könnte dir helfen", hat sie mich glauben gemacht. „Aber nur unter einer Bedingung: Du sorgst dafür, dass Irmis Neffe keinen Ärger mehr macht."

Man sagt ja, die Protestanten seien ein bisschen steif – bis zum *Du* dauere es doppelt so lange wie bei uns Katholiken.

Von Grete kann ich das nicht behaupten. Das ging von einem Moment auf den anderen.

Kurzum: Grete hat mir ein hieb- und stichfestes Alibi besorgt. Sie hat behauptet, Dr. Bolek Mioduchowski und sie seien uralte Freunde, seit sie vor Jahren in der Partnerstadt *Strzelce Opolskie* zu Gast war. Zur Tatzeit habe sie mit Bolek in seiner Wiesbadener Wohnung bei Kaffee und Kuchen gesessen. Und jetzt sei Bolek schon längst wieder in *Strzelce Opolskie* oder auch bei einem Orthopädie-Projekt in Moldawien, Genaueres wisse sie leider nicht.

Sie ist eine honorige Frau. Ihr schenkt man Glauben.

Im Gegenzug habe ich mich um den Neffen gekümmert. Er erlitt einen Unfall, bei dem er vollständig in seinem Wagen verbrannte. So ähnlich wie Annette. Ein schreckliches Unglück.

Jetzt sitze ich hier in Peru und muss feststellen: Steine schleppen ist schlimmer als Spargel stechen. Manchmal mache ich mich davon und spiele mit den Kindern Theater. Sie nennen mich Paolo – ein einfacher Vorname ist immer was wert.

Grete hat mich letztens gefragt, ob es nicht ein schönes Gefühl sei, im Leben etwas zu bewirken, Gutes zu tun.

Ich habe darüber nachgedacht. Das Gefühl, gebraucht zu werden, ist gar nicht so schlecht. Noch besser wäre es allerdings, wenn ich freiwillig hier wäre.

Fest steht aber: Mit den Frauen habe ich abgeschlossen. Echt wahr.

„Das kriegen wir schon hin", hat Grete zu diesem Thema gesagt, mir über die Wange gestrichen und verschlagen gelächelt.

Frauenhilfe nennt man das wohl.

Brocken-Blick

Der Brocken-Blick trifft mich so unvermittelt, dass ich beinah das Steuer herumreiße. In der Ferne tut er sich auf wie ein Kopf, der plötzlich aus der Menge herausragt. Es ist nicht der Anblick allein – es ist die Tatsache, dass Stefan davon wieder und wieder erzählt hat. Dass er davon träumte, den Brocken von der anderen Seite zu sehen. Dafür allerdings ist es jetzt zu spät.

Zwei Stunden später sitze ich in meinem Zimmer in Elend und frage mich, was ich hier tue. Sie hat gegenüber der Kurverwaltung eine alte Bude gekauft und sie zu einem Tagungshaus umbauen lassen. Viel helles Holz, alles freundlich und modern. Die 2.800 Euro, die ich für diese Woche zahle, sind bereits verbaut, wie es mir scheint. Illi habe ich noch nicht gesehen. Aber ein netter junger Kerl hat mich empfangen. Und mich zu einer ersten Kaffee- und Kontaktrunde um drei eingeladen. Derweil blättere ich zum vierhundertsten Mal durch ihren Flyer. Es ist wie eine Vorbereitung. Eine Vorbereitung auf die erste Begegnung mit ihr.

„*Sei du! Sei Frau! Sei stark!*“, fordert sie in blutroten

Farben und lädt ein zu einem *„Frauenseminar, das es in sich hat: Grenzen entdecken. Grenzen überschreiten. Grenzen sprengen.“* Auch nach dem vierhundertsten Lesen bewirken diese Worte Stiche in meinem Innern. *Grenzen überschreiten.* Wie kann sie eine solche Formulierung nur wählen?

Mit Mühe schiebe ich die Vergangenheit weg und konzentriere mich auf ihren Flyer. Uns Frauen wird eine Menge geboten. Neben *„substanziellen Gesprächsrunden“*, in denen *„das Potential jeder Frau“* erforscht wird, vergnügen wir uns beim Wandern auf dem Hexenstieg und sogar beim Downhill-Mountainbiking in Braunlage. Wir werden *„Dinge tun, von denen wir nie zu träumen gewagt haben“* und *„Möglichkeiten erkennen, von denen wir bislang nichts ahnten“*. Die Buchstaben verschwimmen vor meinen Augen. Auch Stefan hat Träume gehabt. Auch Stefan hat neue Möglichkeiten gesucht. Allerdings wurden sie grausam zerstört. Trotz allem zwinge ich mich, den Prospekt zu Ende zu lesen. *„Spüre die Kraft des mystischen Harzes und entdecke die Hexe in dir!“* Plötzlich überkommt mich ein Lachen. Wem genau zieht diese Illi mit ihren Sprüchen das Geld aus der Tasche? Frustrierten Mauerblümchen, die mit vierzig die Notbremse ziehen? Esoterikerinnen, die schon etliche Frauenseminare hinter sich haben?

Wie auch immer – ich bin dabei. Mit Illis Hilfe werde ich die Hexe in mir entdecken. Nein, nicht Illi – Anoli. So nennt sie sich jetzt. Aus Ilona wurde Illi, aus Illi

Anoli – Ilona rückwärts geschrieben. Ziemlich banal. Aber macht nichts. Ich bin dabei, Anoli. Entdecken wir gemeinsam den mystischen Harz!

Sie sieht gut aus, denke ich eine Stunde später. Dabei ist es für Eifersucht nun wirklich zu spät. Dennoch kann ich nachvollziehen, was Stefan erzählt hat. Alle Jungen waren hinter ihr her, sie hat jede Runde beherrscht. Das macht nicht nur ihre Erscheinung – lange rote Locken, stechend-grüne Augen, eine sportlich-weibliche Figur – es ist die Energie, die von ihr ausgeht. Auch in diesem Seminarraum strahlt sie wie der Polarstern und macht alle teilnehmenden Frauen noch blasser.

„Hallo!", sagt sie in die Runde und ihre Augen sprühen und saugen zugleich. „Ihr seid hier – das ist toll!" Ich frage mich, ob wir jetzt eine La-Ola-Welle starten müssen, die anderen elf Frauen und ich. Ihr Blick schweift von einer zur anderen. Sie lässt sich Zeit, zu jeder von uns Kontakt aufzunehmen. Dann geht es los.

Die erste Runde bringt vieles zutage. Uta kommt aus Nürnberg, ihr Sohn ist vor einem Jahr an Leukämie gestorben. Sie ist auf der Suche nach Halt. Mehr kann sie nicht sagen, weil sie einen Weinanfall kriegt. „Lass alles raus", sagt Anoli, „darum bist du hier."

Beatrix hat sich nach Jahren von ihrem Partner getrennt. Sie hat sich aufgegeben in der Beziehung. Sie will sich neu finden. „Das wird spannend", sagt Anoli, „ich freu mich auf dich."

Hannelore ist neunundfünfzig und hat bis vor kurzem ihre alte Mutter gepflegt. Nun, da sie tot ist, fällt sie in ein schwarzes Loch und fragt sich, wo ihre Jahre geblieben sind. „Wir werden sie finden", sagt Anoli, „da bin ich ganz sicher." Mir persönlich stellt sich die Frage, warum Hannelore zum Suchen auf ein Mountainbike muss.

Als ich an der Reihe bin, zögere ich kurz. „Der Tod meines Partners", sage ich. „Er hat sich das Leben genommen." Anoli antwortet nicht gleich, sie nimmt sich Zeit für ihre Antwort. „Du wirst dich davon freimachen können, und du wirst einen Sinn darin finden."

„Das wäre schön." Ich simuliere ein Lächeln. Es klemmt mir noch zwischen den Zähnen, als die sechsundvierzigjährige Sigrun erzählt, dass sie sich nie vom Einfluss ihrer Eltern befreit hat.

Um fünf geht es mit einem Kleinbus nach Wernigerode. Anoli will uns ihre Stadt zeigen. Da bin ich gespannt. Wir halten an einem Mega-Parkplatz, von dem aus Busladungen an Menschen nach Wernigerode hineingeschwemmt werden. Die Stadt war schon zur DDR-Zeit ein touristisches Ziel. Jetzt ist sie ein Juwel. Und zwar ein gut organisiertes. Alles strömt zum Rathaus oder zum Schiefen Haus. Unterwegs versuche ich mir vorzustellen, wie Stefan als Jugendlicher hier herumgehangen hat. In welche Kirche seine Eltern gegangen sind.

In einer Fachwerkgasse bleibt Anoli stehen und wartet, bis sich ihre Jüngerinnen um sie versammelt haben.

„Fachwerk“, sagt sie und schüttelt ihre roten Locken nach hinten, „alles gleich. Fein unterteilt in kastige Einheiten. Schubladendenken. Man weiß, was der Nachbar tut. Man passt sich an und schwimmt mit dem Strom.“

Ich schaue auf die Häuser. Ich finde sie nicht kastig und gleich. Ich finde sie lebhaft und bunt.

„Wir wollen die Gleichförmigkeit unterbrechen“, sagt jetzt Anoli. „Wir wollen uns freimachen von dem, was uns einengt. Deshalb sind wir hier.“ Sie lässt die Worte nachklingen. Alle scheinen beeindruckt. Auch ich. Ich allerdings von Anolis Geschäftssinn. Sie schafft es tatsächlich, in allem und jedem einen Hinweis zu sehen, einen Impuls für ihr Seminar. Ich frage mich, ob wir zum Abschluss eine Anoli-CD kaufen können. Eine Sammlung ihrer Banalo-Weisheiten zum Preis von 19 Euro 80.

Das frage ich mich noch, als wir im Restaurant am Wernigeröder Schloss sitzen und mit Hasseröder anstoßen. Alle sind fröhlich und ausgelassen, sogar Uta lacht mit.

„Ich bin froh, dass ihr da seid“, ruft Anoli lauter als nötig.

Ich glaube ihr. Schließlich habe ich längst 12 mal 2.800 gerechnet.

Am nächsten Morgen finde ich mich in der „Kalten Bode“ wieder, dem Flüsschen, das Elend durchzieht. „*Ins kalte Wasser springen*“, ist heute das Thema. Auch hier schafft Anoli es, mit wenigen Mitteln und großen Sprüchen ihr Konzept durchzuziehen. Ein paar Frauen kreischen vergnügt. Es ist Oktober, der Fluss eiskalt. Ich versuche mir die Szene von außen vorzustellen. Zwölf Frauen waten gackernd durchs Wasser – und haben dafür 2.800 Euro bezahlt.

„Haltet das durch!“, ruft Anoli. „Gebt nicht sofort auf!“

Wir waten mehr als zehn Minuten. Zugegeben, den Kreislauf bringt das mächtig in Schwung. Dann dürfen wir uns abtrocknen und Strümpfe und Schuhe anziehen. Anolis smarter Mitarbeiter hält uns frische Handtücher hin. Zurück im Tagungshaus gibt es heißen Kakao und die verbale Nachbereitung. „Wie war das für euch?“, will Anoli wissen.

„Ich bin fast ausgerutscht“, erklärt Hannelore. „Die Steine waren glitschig.“

„Aha“, sagt Anoli.

„Die Kälte war schneidend“, meint Sonja, die dünn ist wie ein Gerippe und deshalb sowieso andauernd friert. „Aber irgendwann habe ich es nicht mehr gemerkt.“

„Aha“, sagt Anoli erneut, „das ist interessant. Man gewöhnt sich also an ungünstige Bedingungen.“

Ich tauche weg, denke an Stefan. Er hat sich nicht an die ungünstigen Bedingungen gewöhnt. Er wollte weg. Raus. Glaubte, nach dem Abbau der Selbstschussanlagen sei es ganz einfach. Hat nur leider bei den Vorbereitungen einen Fehler gemacht. Hat jemanden eingeweiht vorher. Abholung drei Stunden vor dem geplanten Fluchtversuch. Zuführung dem Gefängnis Hohenschönhausen. Kein Redekontakt außer in der Vernehmung. Psychologische Folter. Zerstörung des Feindes. Drei Jahre Haft in Brandenburg, dann kam die Wende. Ich schnattere, friere, versuche mich mit den Armen zu wärmen. Vergeblich.

„Maja?“, dringt es zu mir durch. „Maja?“ Jemand fasst meinen Oberarm.

„Alles in Ordnung?“ Anoli steht vor mir, berührt meine Schulter. Erst jetzt merke ich, wie ich zittere. Meine Zähne klappern aufeinander. Alle starren mich an.

„Ich glaube, du bist unterkühlt“, folgert Anoli.

Oh ja, ich bin unterkühlt. Die Kälte hat mich vollends erfasst. Ich bin hilflos, kann Stefan nicht erreichen. Er hat sich eingekapselt in seine Welt. Ich liebe ihn so, aber ich erreiche ihn nicht. Oh ja, ich bin unterkühlt. Und dann ist da plötzlich Erik, Anolis Assistent. Sanft leitet er mich hinauf in mein Zimmer und packt mich in zwei Wolldecken ein. Zuletzt legt er mir eine Wärmflasche auf den Bauch, fühlt kurz meine Stirn, überlässt mich dann einem traumlosen Schlaf.

„Und du willst wirklich mit?“, Anoli schaut mich fragend an. „Bist du sicher, dass du dich nicht übernimmst?“

Ich bin sicher. Ich fühle mich stark. Ich halte das durch. Das ist es doch, was Anoli uns beibringen will.

„Ja“, sage ich deshalb und meine Stimme wackelt kein bisschen. „Ich will auf den Brocken.“

„Du könntest auch mit der Schmalspurbahn rauffahren. Erik würde dich sicher gerne begleiten.“

Ich will nicht mit der Bahn rauf. Ich will nicht, dass Erik mich begleitet, obwohl ich ihn mag. Ich möchte mit Illi nach oben.

Mein entschlossener Blick scheint Anoli zu überzeugen. „Okay“, sagt sie, „um elf Uhr geht es los.“

Feuchte Luft, als wir uns sammeln. Um mich herum viele teure Markenklamotten. Die komplette Herbstkollektion von Meindl, Jack Wolfskin und North Face auf einen Blick. „Über zwanzig Kilometer“, sagt Anoli. „Aber ihr müsst es nicht erzwingen. Auf dem Brocken habt ihr Gelegenheit, die Strecke zu verkürzen. Einfach mit der Schmalspurbahn runter.“

Anoli biegt sofort in den Wald ein. Sie kennt sich aus. Natürlich kennt sie sich aus. Sie und Stefan waren im Wald praktisch zu Hause.

„Sie ist toll, nicht wahr?“ Beatrix hat sich an meine Seite geklemmt. Sie deutet auf Anoli, die jetzt mit

Heidrun vorweggeht. „Ich habe noch nie eine Frau erlebt, die so sehr weiß, was sie will."

„Mhm", bringe ich heraus. Wahrscheinlich hat die Gute sogar recht. Illi-Anoli weiß, was sie will. Damals wie heute.

„Die Wälder hier haben etwas Unheimliches", Beatrix schaut sich um, schaut auf die diesige Landschaft, „ein bisschen beklemmend."

Beklemmend, das hat auch Stefan über die Berge gesagt, obwohl er im Harz groß geworden ist. Nach '89 hätte er alle Reisen unternehmen können, von denen er immer geträumt hat. Geschafft hat er nur wenig. Der Harz ging gar nicht. Zu viele Erinnerungen. Zu schlimme. Aber auch andere Gebirge machten ihm Angst, engten ihn ein. Am meisten genoss er das Meer. Dort hat er die Weite gespürt. Wir sind stundenlang am Strand langgelaufen – oder wir lagen in den Dünen. Es gab Momente, in denen Stefan beinahe glücklich erschien. Und dann wieder Momente, in denen er so sehnsüchtig aufs Meer schaute, dass ich wusste, was er eigentlich wollte.

„Na ihr?" Ich schrecke hoch. Illi hat auf uns gewartet. „Seid ihr fit, ab jetzt geht's nur noch bergauf."

„Warum sind wir nicht den Kolonnenweg gegangen?", möchte ich wissen.

„Den Kolonnenweg?", Anoli sieht mich an, runzelt die Stirn. „Das ist der Standardwanderweg. Langweiliger geht's nicht."

Langweiliger geht's nicht. Denkt sie das wirklich?

Oder meidet sie den Grenzweg, weil es doch eine Art Gewissen in ihr gibt? Ich bekomme keine Antwort. Noch nicht.

Nebel kommt auf, als wir weiterlaufen. Die Gespräche verstummen, es wird steil. Wir nähern uns dem Brockengipfel aus südöstlicher Richtung. Ich versuche, schöne Bilder entstehen zu lassen. Stefan und ich bei unserer ersten Begegnung, damals in Düren. Er fiel mir sofort auf in der Cafeteria. Seine traurigen Augen, das gelockte Haar, das ihm immer wieder in die Stirn fiel. Seine rauen Hände, die sich an einem Kaffeebecher festklammerten, als könne dieser ihn retten. Deshalb war er da. Um Rettung zu suchen. Das war das Band zwischen uns. Das Problem nur: Ich habe mit Stefan meine Rettung gefunden. Er allerdings hat sie bis zum Ende vergeblich gesucht.

Der Nebel wird dichter. Man kann nur noch zehn Meter weit sehen. Die meisten haben sich die Kapuze über den Kopf gezogen. Um die Stimmung zu heben, erzählt Illi vom Hexenstieg, vom Tanzplatz und der Teufelskanzel. Ihre Vorträge verkürzen die Zeit. Denn plötzlich sind wir da. Wir haben tatsächlich den Brocken geschafft. Oben allerdings erwartet uns kein einsames Gipfelkreuz, sondern Brockentourismus. Gruppen von Leuten, die mit der Schmalspurbahn heraufgekommen sind und das Brocken-Kurzprogramm starten. Die meisten allerdings machen sich nebelbedingt schnell auf den Rückweg.

Vor dem Brockenstein zieht Illi eine Flasche aus dem Rucksack. „Brombeerschnaps!“, ruft sie ausgelassen. „Den hat mein Opa schon zu DDR-Zeiten heimlich gebrannt.“ Flugs hat sie ein paar Plastikpinnchen aus dem Rucksack gezaubert und bald haben alle ein Gläschen zwischen den feuchtkalten Fingern. „Ich bin stolz auf euch!“, lobt uns Anoli, „und besonders stolz bin ich auf Hannelore und ihr künstliches Knie.“

Alle prosten und trinken. Der Brombeerschnaps zieht sofort in den Kopf.

„Ich nehme an, ihr wollt wegen der Wetterlage lieber mit der Bahn zurückfahren“, ruft Anoli mit Blick in den Nebel. „Wenn allerdings eine von euch weiterlaufen will, dann bin ich dabei.“

Alle winken ab. „Keine zehn Pferde“, sagt Doro.

Anoli schaut trotzdem in die Runde. Und bleibt an mir hängen.

„Ich würde gern weitermachen.“

„Tatsächlich? Und das nach deinem Fieberausbruch?“

„Ich bin fit und zu allem imstande.“

Anoli sieht mich lange an. „Okaaaay“, sie dehnt das Wort künstlich, „dann gehen wir jetzt los!“

Das Tempo ist vom ersten Meter an eine andere Kategorie. Anoli will es mir zeigen. Will mir die Grenze zeigen. Sie spart sich Erklärungen und Fragen. Sie geht einfach und ich stapfe hinterher, dicht genug, um sie im

Nebel nicht zu verlieren. Nach einer halben Stunde dreht Anoli sich zum ersten Mal um. „Die Zeterklippen", sie zeigt halblinks nach vorn. Undeutlich erkenne ich die Felsen, die ich mir schon im Internet angeschaut habe. Eine der vielen Möglichkeiten für meine ganz besondere Begegnung mit ihr. Ich wollte flexibel sein in meiner Planung, auf die passende Gelegenheit warten. Jetzt ist die Gelegenheit da.

„Ich würde gern raufgehen", sage ich. „Ich nehme an, du kommst mit." Ich sehe einen Ruck in Illis Rücken. Einen „Aufgepasst!"-Ruck.

„Der Nebel nimmt zu", gibt sie zu bedenken. „Von da oben wirst du nichts sehen."

„Aber ich bin oben gewesen."

Ich starte ohne ein weiteres Wort. Und spüre Anoli auf meinen Fersen. Es geht die Metalltreppe hoch. Ich halte kurz an, sehe Anoli unter mir, ihre Hände eine Sprosse unter meinen Schuhen. Ich zögere kurz, dann steige ich weiter hinauf. Vom Plateau aus hat man bei gutem Wetter sicher einen phantastischen Blick.

Dann stehen wir oben wie zwei Boxer im Ring und schauen uns an. Illis Augen sind wie die eines Schlittenhundes zusammengezogen.

„Was willst du?", fragt Illi. „Sag endlich: Was willst du von mir?"

Endlich sind wir da, wo ich hinwollte. Endlich sind wir allein und beim Kern.

„Eine Antwort", sage ich. „Warum hast du Stefan

verraten?“

Ich sehe wie durch eine Kamera den Film, der in Illis Gesicht spielt. Unverständnis. Dann Verstehen. Dann Unsicherheit.

„Stefan Mahlke“, flüstert sie. „Was weißt du von Stefan?“

Alles, möchte ich sagen, denn er war die Liebe meines Lebens. Er war alles, was ich wollte. Aber er war krank.

„Ich weiß, dass er nach den Gefängnisjahren nie wieder klargekommen ist. Sie haben ihn zerstört. Wie Dementoren haben sie ihm jegliche Freude am Leben genommen.“

Anoli schluckt. Offenbar hat sie keine Binsenweisheit für solch einen Fall.

„Er hat zeitlebens von den Verhören geträumt. Er ist schreiend aufgewacht, er hat seine Mutter um Verzeihung gebeten. Er hat bis zum Ende gebrüllt, dass er die Flucht allein geplant hat.“

Wieder schluckt Anoli. Ich schone sie nicht. „Ihr wart doch ein Paar! Wieso hast du Stefan verraten?“

Anoli dreht sich weg. „Ja, wir waren ein Paar“, ihre Stimme klingt resigniert, „und trotzdem wollte er in den Westen.“

„Er wollte weg, weil er es nicht ausgehalten hat. Er wollte weg, weil er hier niemals hätte studieren dürfen. Als Sohn von zwei Akademikern hatte er keine Chance.“

„Hatte er doch!“ Anoli fährt herum. „Er hätte eine Ausbildung machen können. Und nachher studieren.“

„Das meinst du nicht ernst“, erkläre ich. „Seine Familie war aktenkundig. Sein Vater kirchlich engagiert.“

„Aber ...“ Anolis Augen sind jetzt mit Tränen gefüllt. „Aber ...“

„Aber!“, herrsche ich sie an. „Aber du hast es ja nicht so gemeint! Weißt du eigentlich, was du angerichtet hast? Seine Familie hat kein Bein mehr an die Erde bekommen. Sie wurde wochenlang verhört. Beide Eltern haben ihre Stelle verloren, sein Vater hat für den Rest seines Lebens einen LPG-Stall gekehrt. Und auch Stefan ist vor die Hunde gegangen. Nach dem Knast hat er die meiste Zeit in psychiatrischer Behandlung verbracht.“

„Aber ...“, setzt Anoli wieder an, ich ertrage es kaum, „auch meine Familie war aktenkundig. Sie haben mich erpresst. Stefan hatte eine größere Menge Seil eingekauft und mehrere Karabiner. Einen Tag danach war die Stasi bei mir. Sie haben gesagt, sie wüssten, dass Stefan Republikflucht geplant habe. Sie haben gesagt, mein Bruder sei bereits festgenommen, seine Kinder kämen ins Heim, wenn ich nichts Genaueres sage. Sie haben gesagt, Stefan sei eh festgesetzt. Ich könne ihm helfen, wenn ich korrekt aussagen würde.“

„Wie praktisch“, herrsche ich sie an, „wie praktisch, wenn man solch eine Ausrede hat.“

Anoli sieht mich an, sieht durch mich hindurch. Dann wendet sie sich um und schaut in den Nebel. „Das Leben“, sagt sie, und ich erwarte die nächste Anoli-Weisheit, „das Leben ist nicht immer schwarz oder weiß.

Das Leben ist oft genug grau."

Grau, denke ich, das ist die Farbe, die Stefans Leben bestimmte.

Dann sieht mir Anoli plötzlich direkt in die Augen. „Wo hast *du* eigentlich Stefan kennengelernt?"

Die Pause, die entsteht, wabert wie Nebel zwischen uns herum. „In Aachen", sage ich schließlich. Das stimmt nicht so ganz. Düren stimmt. Psychiatrische Fachklinik stimmt. Wir waren beide Patienten.

„Und ihr wart ein Paar?"

„Ja, wir waren ein Paar." Ich höre Trotz in meiner Stimme. Ich übertöne damit den Therapeuten, der Stefan von unserer Beziehung abgeraten hat. *„Maja hat eine narzisstische Persönlichkeitsstörung. Sie sucht die Schuld für ihre Probleme immer bei anderen. Wenn ihr zusammenkommt, ist das eine tödliche Mischung."*

Er war eifersüchtig, der Therapeut. Er war neidisch auf unsere Beziehung. Das hat er teuer bezahlt. Insofern hat er recht behalten – eine tödliche Mischung.

„Es tut mir unendlich leid, was passiert ist", verkündet Anoli. „Aber glaub mir, auch ich habe darunter gelitten. Auch ich habe geträumt. Auch ich bin durchs Leben geirrt. Und erst jetzt habe ich etwas gefunden. Ich glaube, dass ich anderen Menschen Mut machen kann."

„Wenn du meinst", sage ich. Abweisend. Kalt.

Anoli sieht mich an. Ihre grünen Augen trübe wie ein Tümpel.

„Ich gehe dann jetzt", sagt sie leise. „Dir kann ich

leider nicht helfen!“

Ich zögere einen Moment, dann folge ich ihr. Als sie auf dem Absatz zur Metalltreppe steht, trete ich zu. Es ist leichter, als ich es mir vorgestellt habe. Aus acht Metern Höhe knallt sie auf den Stein, bleibt liegen. Als ich zu ihr hinuntergeklettert bin, sehe ich die Blutlache neben ihrem Kopf. Ich setze mich neben sie und denke nach. Sie atmet schwach, der Puls ist im Keller. Eine Viertelstunde, länger muss ich nicht warten. Dann ist es Zeit, einen Notruf abzusetzen.

In der Zwischenzeit habe ich eine Menge Pläne gemacht. Ich werde das Tagungshaus kaufen. Das ist sicherlich billig zu haben. Anolis Assistenten werde ich auch übernehmen, ich kann ihn für vieles gebrauchen. In Gedanken gehe ich schon das Seminarprogramm durch. „*Schluss mit Elend und Sorge*“ wäre nicht schlecht.

Während ich auf den Rettungsdienst warte, rechne ich noch einmal 2.800 mal 12.

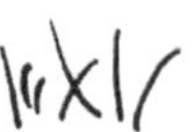

Kein bisschen lebendig

Der Chef sieht scheiße aus. Moment! Stopp! Nochmal von vorn! Das war eine bewertende Aussage.

Wie hieß es noch in diesem Seminar für gewaltfreie Kommunikation? *Liebevoll statt bewertend.*

Angemessener wäre daher wohl: „*Der Chef könnte sein äußeres Erscheinungsbild tendenziell nach oben korrigieren, andererseits hinterlässt er einen ausgesprochen zufriedenen Eindruck.*"

Oder sollte ich es vielleicht besser als Ich-Botschaft formulieren? Das ist wichtig, Ich-Botschaften!

Nicht: *Du bist …*, sondern: *Ich finde …*

Also, nicht: „*Du bist eine Arschgeige!*", sondern „*Ich finde, du bist eine Arschgeige!*" Oder so ähnlich.

Wobei *Arschgeige* an sich nicht besonders wertschätzend ist. Und die nächste Grundregel heißt: *wertschätzend statt verletzend.*

Zu einer Arschgeige müsste man vielleicht sagen: „*Ich würde mich freuen, wenn du zugewandter auftreten würdest.*" Wobei eine Arschgeige sich daran vermutlich nicht hält.

Trotzdem, es geht darum, Bedürfnisse zu formulieren. Bedürfnisse sind Teil der gewaltfreien Kommunikation: *Beobachten. Fühlen. Bedürfnis ausmachen. Bitten.* So geht das.

Der Chef sieht scheiße aus ist doch eine Beobachtung, oder? *Ich fühle mich in seiner Nähe nicht wohl* wäre dann mein persönliches Fühlen. Mein Bedürfnis wäre, dass der Chef schnellstmöglich verschwindet. Aber wenn mir eins klar ist: Es bringt nichts, ihn darum zu bitten.

Weil, der Chef ist – wie soll ich es liebevoll formulieren? – unterdurchschnittlich lebendig.

Und das hat einen Grund. Er hat einfach keine Ahnung, was so ein Seminar bei Anzugträgern für mich bedeutet! Ich bin Lagerist und komme mit jedem klar. Warum schickt er mich zu so einem Gewaltfreien-Kurs? Weil er keine Ahnung hat, was seine Mitarbeiter brauchen. Weil er immer nur seinen Coaches zuhört und nicht uns.

Oh je, das war jetzt alles wieder sehr verletzend formuliert.

Es ist nur einfach so, ich habe mich sehr schei- äh überfordert gefühlt in diesem Seminar. Mir hätte es geholfen, wenn – ja, wenn ich *nicht* hätte teilnehmen müssen. Und deshalb habe ich, als ich zurückgekommen bin, das Gespräch mit meinem Chef gesucht.

Der hat mich grinsend – nein, freundlich lächelnd – nein, eigentlich grinsend – in der Firma empfangen. „Na, hat‘s geholfen?“, hat er gefragt. „Aber ich nehme an, in eine Dumpfbacke wie dich geht nichts Vernünftiges rein.“

Ich war vollkommen sprachlos. Da hatte sich aber jemand so gar nicht an die Regeln gehalten. Dazu fiel mir überhaupt keine Ich-Botschaft ein.

Und dann stand da der Bolzenschneider. Den kann man auch als Vorschlaghammer nutzen.

Fassen wir es mit einem Satz zusammen: Der Chef wirkt jetzt auf mich – überdurchschnittlich tot.

Was – ich kann es nicht anders sagen – ausgesprochen scheiße aussieht!

Knurrhahn

Wissen Sie, ich hab so Phantasien. Nicht, was Sie meinen, sondern Mordphantasien. Ich träume davon, wie es wäre, meinen Mann umzubringen. Ich weiß, dass das nicht gut ist. Aber ich kann nichts dafür. Gisbert treibt mich schlichtweg zur Weißglut. Weil er nichts sagt. Stattdessen sitzt er einfach nur da. Und guckt. Gut, unsere Ferienwohnung auf Wangerooge hat ein Fenster mit Ausblick. Eine phantastische Sicht zum Wattenmeer raus. Aber das heißt doch nicht, dass man immerfort rausschauen muss – ohne etwas zu sagen!

Es ist ja auch zu Hause nicht anders. Da sitzt er häufig im Garten auf der alten Bank – und schaut.

„Guckst du wieder Löcher in die Luft?“, frage ich dann.

Und er sagt noch nicht einmal ja.

Ich meine, er ist doch gesund, grad über sechzig und frühpensioniert. Er könnte so viel machen. Ich habe ihm vorgeschlagen, hier auf Wangerooge mal zum Golfen zu gehen, das ist gar nicht so teuer. Da könnte er dann wenigstens dem Golfball nachsehen, das machte dann Sinn. Ein bisschen zumindest.

Es gibt einen richtigen Golf-Club hier auf der Insel

mit 9-Loch-Platz, und im Winter schlägt man im Kursaal.

„Im Kursaal?", knurrt Gisbert, als ich davon erzähle. „Das ist ja, als ob ich mit der Angel in der Badewanne säß."

In solchen Momenten fällt mir ein, dass man mit einem Golfschläger nicht nur einen Ball schlagen kann.

Geknurrt hat er ja immer schon, mein Mann. Früher fand ich das süß. „Mein Knurrhahn" habe ich ihn liebevoll genannt. Später bin ich auf „Sturhahn" gewechselt. Inzwischen bin ich bei „Torturhahn" angelangt. Aussprechen kann man das allerdings kaum.

Mir wäre schon geholfen, wenn er öfter was sagte – oder was täte. Wenn er aktiver wäre, wenn Sie verstehen, was ich meine.

Wissen Sie, was sein einziges Hobby ist?

Angeln!

Kennen Sie Angeln? Angeln geht so:

... .

Genau, es passiert überhaupt nichts. Man sitzt da. Man sagt nichts. Es ist praktisch, als wäre man tot. Deshalb sage ich mir: Wenn Gisbert sich sowieso verhält, als wäre er tot, dann wäre es ja nicht schlimm, wenn er wirklich tot wäre. Dann bräuchte auch nichts mehr zu sagen.

Angeln! Man hält seine Rute ins Wasser und wartet. Und dann passiert: nichts.

„Genau das ist so spannend", sagt Gisbert – wenn er

mal etwas sagt. „Dass man nicht weiß, ob einer beißt!"

Vielleicht sitzt er auch mit dieser Einstellung im Garten, schaut auf den Apfelbaum und fragt sich, ob einer fällt. Ein Apfel, meine ich jetzt.

Ich muss dazu sagen, ich habe mir wirklich Mühe gegeben, was das Angeln angeht. Vor Jahren habe ich mich sogar mal am Angelschein versucht und mir das Einführungsbuch zu lesen besorgt. Da lernt man zunächst mal die verschiedenen Fische. Nein, falsch, man lernt nicht die Fische, man lernt die Krankheiten der Fische. Irgendwann habe ich das Buch in die Ecke gepfeffert. Schließlich wollte ich nicht Fische verarzten, ich wollte sie fangen! Trotzdem bin ich auch nachher noch mehrfach mitgegangen, zum Angeln. Ich habe neben ihm gesessen und versucht zu ergründen, was das Geheimnis dieses Sports ist. Sport! Das ist ja an sich schon ein Witz! Wenn Angeln Sport ist, dann ist Sonnenbaden Gymnastik. Und nach einer Golfpartie wird man zum Ironman gekürt.

Auf jeden Fall habe ich tatsächlich mit einer Angelrute gesessen – im Sauerland, am Biggesee, da wo wir eigentlich wohnen – und unvoreingenommen abgewartet, ob mir das Angeln etwas bringt. Drei Mückenstiche hat es gebracht und eine neue Phantasie: Wie sähe Gisbert an einem überdimensionalen Angelhaken aus?

Und nun sitzen wir im April auf Wangerooge anlässlich unserer Silberhochzeit. Gisbert träumt von seinem nächsten großen Fang. Und ich träume von seinem letzten großen Gang.

Gut, Sie fragen sich bestimmt: Warum bleibt diese Frau? Sie sieht hervorragend aus, sie ist intelligent, einfühlsam und für jeden Mann ein Gewinn. Hat sie noch nie etwas von Scheidung gehört? Doch hat sie, aber, ganz ehrlich, das kommt für mich nicht in Frage. Die Kinder sind zwar nicht mehr im Haus, aber sie wären trotzdem geschockt. Außerdem bin ich katholisch – nicht wirklich fanatisch, aber doch so, dass mir eine Scheidung gegen den Strich geht. Die Frauen in meinem Sauerländer Dorf hätten dafür wenig Verständnis. Nee, Scheidung ist nichts für mich!

Wenn Gisbert allerdings anders abtreten würde, so auf natürliche Weise, so auf halbwegs natürliche Weise, das wäre okay. Ich denke zum Beispiel, wenn ihm eine Gräte im Hals stecken bliebe, eine große, richtig tief, und dann hier auf Wangerooge, autofreie Insel, da ist ja nicht sofort ein Notarzt zur Stelle … dann, ja dann …

Ich meine, Männer sind ja nicht alle so. Hier auf Wangerooge zum Beispiel, da gibt es einen Pfarrer, der ist … anders. Einfühlsam. Umgänglich. Beredt. Deshalb gehe ich hier auch jeden Tag zur Messe, immer abends um sechs, wenn Gisbert zum Angeln am Strand ist.

Ist ja beachtlich, dass Wangerooge überhaupt noch einen Priester hat. Aber der ist so beliebt – ich denke manchmal, der wird von der Kurverwaltung bezahlt!

Ich hab schon mal zu Gisbert gesagt: „Komm doch mal mit! Dann kannst du dir vom Pfarrer was abschauen."

Da hat Gisbert nur geguckt. Um genau zu sein, hat er geguckt wie ein Fisch. Und dann ist er zum Angeln gegangen.

Für morgen allerdings fordere ich einen gemeinsamen Tag ein! Die Messe fällt aus. Außerdem ist es der Tag unserer Silberhochzeit – auch wenn Gisbert dazu bestenfalls Silberfisch einfällt. Als ich ihn deshalb anspreche, sitzt er am Fenster, wie immer, und schaut hinaus.

„Woran denkst du?", will ich wissen. Und weil er sitzt und ich stehe, blickt er direkt auf meine Brust, die zugegebenermaßen sehr flach ist.

„An Flunder", kommt es wie aus der Pistole geschossen.

„Warum denkst du an Flunder?", fahre ich ihn an.

„Darauf würde ich heute gern angeln."

Wissen Sie überhaupt, dass man ‚angeln *auf* etwas' sagt? Man angelt nicht Fisch, sondern *auf* Fisch. Wenn Gisbert hier auf Wangerooge *auf* etwas angelt, gehe ich zur Messe. Sagte ich ja schon. Ich angle auf den Pfarrer, wenn man so will.

Jetzt atme ich tief durch, verdränge den Gedanken, wie er von einer Riesenflunder plattgewalzt wird, und erkläre ihm, was ich mir für den nächsten Tag ausgedacht habe.

Fahrradtour, auf ein Stück Kuchen ins Café Pudding, dann den Alten Leuchtturm besteigen. Auf keinen Fall eine Wattwanderung! Wattwanderung ist furchtbar mit

Gisbert. Ständig sucht er nach Würmern.

Gisbert sieht mich einen Augenblick an, diesmal etwas höher, dann zuckt er die Achseln. „Von mir aus", soll das wohl heißen.

Immerhin, jetzt haben wir etwas Gemeinsames vor zu unserer Silberhochzeit. Dennoch schlafe ich schlecht in der Nacht und träume wild durcheinander. Der Pfarrer predigt, dass wir Menschenfischer sind. Plötzlich zappelt Gisbert in einem Netz und wird auf einem Kutter in eine Filetiermaschine verfrachtet. Am Ende landet er als Fischstäbchen in meinem Eisfach. *‚Echt Knurrhahn'* steht auf der Packung.

Ich bin entsprechend gebügelt, als wir am nächsten Tag die Räder besteigen. Gisbert fährt wie immer vorweg. Wir drehen eine große Runde, am neuen Leuchtturm vorbei, am Westturm und dann gegen den Wind zurück in den Ort. Ich glaube, Gisbert liebt Fahrradfahren, weil dabei jede Unterhaltung ausfällt. Man müsste schon Tandem fahren, um sich unterhalten zu können, aber damit muss ich Gisbert gar nicht erst kommen.

„Hetz doch nicht so!", brülle ich hinter ihm her.

Gisbert guckt und reduziert ein bisschen das Tempo.

„Kannst du dir eigentlich vorstellen, immer hier zu wohnen?", rufe ich ihm zu.

„Hier auf Wangerooge?", fragt er nach.

‚Nein, hier auf dem Mond!', möchte ich sagen, halte mich aber zurück.

„Hm", sagt Gisbert und tritt kräftiger in die Pedale.

Als ich schließlich im Café sitze, bin ich völlig erledigt und bestell mir einen Grog. Nach dem zweiten Grog geht es etwas besser, nach dem dritten bin ich bereit für die Leuchtturmbesteigung. Der Alte Leuchtturm mitten im Ort ist heute ein Museum und einer von Wangerooges Besuchermagneten. Eigentlich der einzige Besuchermagnet.

Beim Aufstieg merke ich, wie erschöpft ich bin. Das Fahrradfahren hat mich geschlaucht, vielleicht auch ein bisschen der Grog. Oben bin ich völlig kaputt und habe nicht viel von der Aussicht.

Gisbert knurrt irgendwas: „Das ist das Minsener Oog mit seinem Leuchtturm, dahinter der von Mellum."

Aha, sehr interessant. Mir reicht dieser Leuchtturm. Ich schaue lieber zur Kirche hinüber. Ganz viel kann man nicht erkennen, vor allem keinen Pfarrer.

„Heute ist ja keine Messe", sage ich und mache mich an den Abstieg. Gisbert folgt mir mit etwas Abstand. „Hat der Pfarrer mal frei, tut ihm ja gut."

„Der Pfarrer ist nicht mehr lange da", höre ich hinter mir Gisberts Stimme.

Im Absteigen drehe ich mich um. Will er mich ärgern?

„Quatsch!", sage ich.

„Er geht aufs Festland zurück."

„Quatsch!", sage ich und starre Gisbert im Laufen immer noch an.

„Er hat es mir selbst erzählt."

Das ist der Moment, da ich falle. Ich will mich noch

halten, denke im Sturz, warum hat Gisbert mit ihm gesprochen? Warum spricht Gisbert überhaupt mit irgendwem? Dann denke ich nichts mehr.

Gisbert:

„Ich bewundere Sie!“ Die Worte kommen vom Pfarrer. Er hat mich in diesem Herbst schon zweimal besucht. Trauerseelsorge.

„Wie liebevoll Sie sich um Ihre Frau kümmern!“

Ich schlucke. Mein Gewissen drückt mich tief in meinen Stuhl. Er weiß es ja nicht. Er weiß nicht, dass sie im Sturz die Hände nach mir ausgestreckt hat. Dass bei mir alle Reflexe versagt haben. Dass ich quasi zurückgewichen bin, um sie nicht halten zu müssen. Dass in mir eine Stimme gesagt hat, dass sie mit ihrer Plapperei aufhören soll. Dass sie mal still sein soll. Still wie ein Fisch.

„Und Sie sind jetzt ganz hier auf die Insel gezogen?“ Der Pfarrer ist nett. Es tut gut, mit ihm zu reden.

„Ja“, sage ich kleinlaut. „Meine Frau hat es sich immer gewünscht. Und jetzt mit dem Rollstuhl ist es für uns ideal.“

„Mir wird die Insel sehr fehlen“, sagt der Pfarrer.

Das hat er auch damals gesagt, als er mir von seinen Plänen erzählt hat. Ich bin ihm manchmal begegnet. Nach der Messe hat er häufig einen Spaziergang gemacht und mir eine Weile beim Angeln zugeschaut. Er ist ein angenehmer Mensch, und so überwinde ich mich plötz-

lich und erzähle ein bisschen von meiner Frau. Dass es völlig verrückt ist, aber dass ich manchmal denke, wir verstehen uns besser seit ihrem Sturz. Eine enge Bindung braucht nicht viele Worte. Der Pfarrer nickt. Er weiß, was ich meine. Beim Angeln, erzähle ich, ist sie jetzt immer dabei. Ich habe einen Rollstuhl besorgt, in dem ich sie auf den Strand fahren kann. Dort sitzen wir dann nebeneinander und warten, ob einer beißt. Meine Frau hat sich schon immer fürs Angeln interessiert – es fehlte ihr nur ein bisschen die Geduld. Die hat sie inzwischen. Ich finde, dass sie beim Angeln zufrieden aussieht, auch wenn sie, wie immer, nur vor sich hinstarrt. Aber es ist ein zufriedenes Starren, bilde ich mir ein. Im Sommer haben wir einmal einen Ausreißer geangelt, den man hier in Strandnähe normal nicht erwischt. Wir hatten auf Barsch geangelt, doch plötzlich hatten wir etwas ganz anderes am Haken.

„Sieh nur, ein Knurrhahn!", habe ich begeistert gerufen. Und plötzlich ist mir eingefallen: So hat sie mich früher immer genannt.

Der Pfarrer lächelt, als ich davon erzähle.

„Auch meine Frau lächelt manchmal", erkläre ich dem Pfarrer. „Es ist nur ein Hauch, und ich bin nicht ganz sicher, wann es dazu kommt. Aber ich glaube fast, sie lächelt immer dann, wenn sie die Kirchenglocken hört."

Mädchen für alles

Ich weiß nicht, ob das eine angemessene Berufsbezeichnung ist: „Mädchen für alles“. Fakt ist: Lutz und ich sind zuständig, wenn hier im Hotel Dinge anfallen, für die man keinen Handwerker holt. Glühbirnen auswechseln, Bilder aufhängen, Dachrinne reinigen. Da ist einiges zu tun. Wir sind ein großes Hotel der gehobenen Klasse. So viele Sterne wie die Nationalmannschaft, wenn Sie verstehen, was ich meine.

Jetzt sollen wir in einem Hotelzimmer den Kleiderschrank andübeln. Weil er sonst umkippt. Völlig verrückt. Ein alter Bauernschrank, unbändig schwer, der kippt doch nicht um. Aber wenn der Chef es sagt ... kippt er halt um.

„Seid dezent“, sagt der Chef. „Zimmer Dorfidyll ist bewohnt. Die Dame ist anspruchsvoll und hat viel zu meckern.“

„Lehrerin?“, fragt Lutz und nimmt den Reservezimmerschlüssel entgegen.

„Wie kommst du denn darauf?“, will der Chef wissen.

„Spielt ja keine Rolle“, gehe ich dazwischen, „Zimmer Dorfidyll im zweiten Stock. Da sind wir dezent.“

Ich klopfe, nichts zu hören. Ich klopfe lauter, immer

noch nichts. Der Gast ist wohl wandern. Deswegen kommen sie doch. Um zu wandern. Durch die Dorfidyll-Landschaft.

„Na dann." Ich öffne die Tür. Keiner da. Also, der Bauernschrank schon. Dies ist das einzige Zimmer mit Originalmöbeln von anno Tuck. Alle anderen sind stylish und neu. Das hier ist für Nostalgiker oder wenn alles andere voll ist. Dorfidyll halt. Der Bauernschrank ist ein Riesending, voll massiv, wie bitteschön soll der umkippen?

„Geht's noch?", fragt Lutz und rüttelt am Schrank, aber tatsächlich ist er ein klein wenig wacklig.

„Liegt am vorderen Fuß", sagt der Kollege, „der ist innerlich gebrochen."

Innerlich gebrochen? Manchmal ist Lutz ein bisschen bekloppt.

Er öffnet den Schrank, um zu sehen, wie man ihn festmachen kann. In dem Moment tut sich vor uns ein Farbdschungel auf.

„Was ist denn das?", Lutz zieht an einem Stöffchen, eine Mischung aus Pink und Orange. Und so ein flutschiger Stoff, muss ein Abendkleid sein. Daneben was Grünes. Aber richtig grün. Wiesengrün. Also Wiese ohne Hitzerekord.

„Was ist denn das?", sagt Lutz nochmal und hat das Pink-Orange schon in der Hand.

„Ey, lass!", ängstlich schaue ich zur Tür. Wenn die Lehrerin doch nicht wandern ist, sondern nur eben ins

Schwimmbad, dann haben wir ein Problem.

„Was hat die für Zeugs mit? Ist das für abends in der Hotelbar?"

Er hält sich den Fummel vor. Bodenlang mit gewaltigen Rüschen am Hals. Sowas trägt man, wenn man mit neunzig Jahren Ehren-Schützenkönigin wird. Und besser nur dann!

„Genau meine Größe", sagt Lutz und macht sich tatsächlich am Reißverschluss zu schaffen.

„Bist du verrückt?", zische ich ihn an. „Stell dir vor, die Tante kommt unerwartet zurück. Das merkt nicht mal jemand an der Rezeption, da sie ihren Schlüssel nicht abgegeben hat."

„Quatsch, die ist wandern. Oder siehst du irgendwo Wanderschuhe stehen?"

Ich gucke mich um. Tatsächlich nichts zu sehen. Ein Laptop auf dem Bauern-Nachtschrank. Ein Chinesisch-Wörterbuch auf dem Tisch. Hohe Schuhe unter der Taschenablage. Kein Wanderrucksack, keine Schuhe, keine Funktionsjacke in Sicht.

Lutz hat den Reißverschluss auf und schlüpft in das pinke Etwas hinein. Er ist dünn wie ein Hering, das ist kein Problem.

„Hast du eine Meise?", blöke ich ihn an. „Das gehört der Chinesisch-Lehrerin – und überhaupt: Warum trägst du Kleider?

„Wir sind doch Mädchen für alles. Ich habe noch nie eins getragen. Probier du mal das grüne."

Ist Lutz bekloppt? Ich bin doch – ich bin doch nicht – ich trag doch kein grünes Kleid. Wenn überhaupt, nur das pinke.

„Mir steht kein Grün", sage ich.

Lutz verdreht die Augen und lässt das pinke Kleid auf den Fußboden rutschen.

„Okay", seufzt er, „nehme ich halt das grüne."

Ich bekomme eine Vorstellung, wie die Lehrerin aussieht. Sie ist groß und obenrum üppig.

Ich bekomme allerdings keine Vorstellung, wie die Lehrerin *ist*. Warum hat sie solche Kleider dabei?

„Mach mir mal den Reißverschluss zu!", bittet mich Lutz. Er sieht aus wie Charlys Tante. Bei mir kann man ans Schließen des Reißverschlusses kein bisschen denken. Ich habe das Kleid mit Mühe nach oben bekommen.

Als wir in den Spiegel gucken, ist ein Tannenbaum und ein Textmarker zu sehen. Lutz krümmt sich vor Lachen und sieht jetzt wie ein gefällter Tannenbaum aus. Und dann sind auf dem Flur plötzlich Schritte zu hören.

„Der Chef!", stoße ich hervor und rupfe an meinem Kleid.

„Die Lehrerin!", kontert Lutz und rupft ebenfalls an seinem Kleid.

Die Schritte enden vor unserem Raum. Man hört Schlüsselgeklimper. Ich kriege Schnappatmung. Lutz schiebt mich in den Schrank. „Rein!", flüstert er.

Ich denke nicht. Ich frage nicht. Ich lasse mich einfach reinfallen. Lutz zieht den Handwerkskoffer mit, quetscht sich daneben und zieht die Schranktür hinter uns zu.

Die nächsten Sekunden vergehen wie in einem Traum. Wie in einem Albtraum. Die Zimmertür wird aufgeschlossen, deutlich zu hören. Jemand kommt herein, deutlich zu hören. Jemand schließt die Tür, deutlich zu hören. Jemand stellt etwas ab, nicht mehr zu hören, weil gleichzeitig ein Wasserfall rauscht. Wahrscheinlich ist es das Blut in meinem Kopf.

Wenn ich als Kind im Versteck gesessen habe, musste ich immer aufs Klo. So ist es auch jetzt.

Dann plötzlich wieder Schritte. In unsere Richtung! Ich halte die Luft an. Vielleicht kann ich auf diese Weise ohnmächtig werden. Ich möchte nicht miterleben, wie man uns erwischt. Zwei Männer in einem Schrank. Im Abendkleid. Einer hat mit Blasenproblemen zu kämpfen.

Und dann geht die Tür auf. Ich schließe panisch die Augen. Spüre eine Bewegung. Die Welt bewegt sich. Nein, ich. Nein, der Schrank. Wir kippen. Der ganze Schrank kippt nach vorn, etwas drückt sich schmerzhaft in mein Gesicht. Man hört einen Schrei, dann einen Knall, dann nichts mehr.

„Ich bin tot", sage ich in die Dunkelheit hinein. „Ich kann mich um die Sache nicht kümmern."

„*Sie* ist tot", sagt Lutz. „Wahrscheinlich braucht sie jetzt nicht mehr ihr Kleid."

Ich lasse das ein paar Sekunden sacken. Dann überwiegt das Bedürfnis, hier zu verschwinden. Das Problem ist nur: Wir kommen nicht hoch.

„Wir kommen nicht hoch", sage ich deshalb zu Lutz. Ich habe die Schranktür vorm Deetz. Brett vorm Kopf könnte man sagen.

„Stimmt", sagt Lutz. Er wiederum klingt, als hätte er drei Taschentücher im Mund.

Ich versuche meinen Kopf ein bisschen zu drehen. Klappt, und durch einen winzigen Spalt fällt tatsächlich etwas Licht in unseren Schrank. Leider, kann ich nur sagen. Denn was ich jetzt sehe, lässt mich denken, wie gut es ist, nur eine Schranktür vor der Birne zu haben. Lutz' Schranktür wurde ja geöffnet, er ist auf die Lehrerin gekippt. Die offenbar auf die Bettkante geknallt ist. Lutz' Gesicht ist zwangsweise in den Lehrerinnen-Busen gedrückt. Eins muss man sagen, wir sind ganz nah am Gast.

„Sie atmet nicht mehr", röchelt Lutz. Das kann er definitiv gut beurteilen, in seiner Position. Nur: Lutz wird bald auch nicht mehr atmen, wenn uns nicht irgendwas einfällt.

„Du musst den Schrank anheben", versuche ich ruhig zu bleiben. „Ich kann von hier aus nichts tun."

Es dauert eine Weile, dann hat Lutz es geschafft. Hat irgendwie die Füße auf den Boden gekriegt, unter Stöhnen den Schrank angehoben und uns beide aus der Falle befreit. Jetzt liegt er völlig geplättet danieder. Das sieht schlimm aus, weil er ja das grüne Abendkleid anhat.

„Das hast du toll gemacht!“, versuche ich trotzdem etwas Positives zu sagen. „Vielleicht erlaubt dir der Chef ein paar Stunden im Wellnessbereich.“

Lutz reagiert nicht, deshalb schaue ich zur Lehrerin rüber. Sie hat lockiges, rotbraunes Haar, ich würde ihr zum grünen, nicht zum pinken Abendkleid raten, allerdings ist die Frage nicht mehr relevant: Ihr Hinterkopf ist eingedrückt, das ist relevant.

„Lutz“, sage ich, „mit der Lehrerin, das wird nicht mehr gut.“

„Nichts wird mehr gut“, faselt Lutz. Was mir das sagt, ist: Es liegt jetzt an mir.

„Okay“, sage ich mehr zu mir als zu Lutz – und zu der Lehrerin sowieso schon mal nicht. „Eigentlich ist das alles kein Problem – wenn wir die Nerven behalten. Wir haben den Schrank repariert. Wir bringen den Zweitschlüssel zurück zur Rezeption. Was mit der Lehrerin ist, wissen wir nicht.“

„Nichts wird mehr gut“, brabbelt Lutz vor sich hin.

„Wir kriegen das hin.“ Mit Schwung stehe ich auf. Das ist der Moment, da das pinke Abendkleid reißt.

„Kein Problem“, sage ich, „es hat ihr eh nicht gestanden. Aber besser ist, wenn du dir beim Ausziehen etwas mehr Mühe gibst.“

Eine halbe Stunde später ist im Zimmer so weit alles in Ordnung. Okay, die Lehrerin ist immer noch tot. Aber den Schrank haben wir mithilfe eines Keils repariert und den Blutfleck unter der Leiche mit dem Bettvorleger bedeckt. Am besten aber ist, dass Lutz wieder fit ist. Denn allein kriege ich die Leiche niemals hier raus.

Unser Plan ist genial. Unser Plan ist ganz einfach. Für unseren Plan hat Lutz gerade einen Rollwagen und einen Wäschesack besorgt. Jetzt zieht er sogar einen Spezialreiniger aus seinem Kittel.

„Elena schwört drauf", sagt er. „Letztens hat sie mir erzählt, dass sie damit sogar Durchfall vom Teppich gekriegt hat. Da wird das mit dem Blut auch kein Problem sein."

Ich gebe ihm fünf Minuten. Der Spezialreiniger schäumt, als Lutz ihn aufträgt. Elena ist Polin. Möglicherweise wurde ihr Spezial-Putzmittel während des kalten Krieges als biologische Waffe genutzt. Auf jeden Fall ist nachher alles tipptopp. Jetzt heißt es gucken, ob auf dem Flur freie Bahn ist.

Lutz öffnet vorsichtig die Tür, Lutz linst hinaus, Lutz gibt mir ein Zeichen, es geht also los. Der Vorteil ist: Zweiter Stock. Der Vorteil ist: Da steht eine Truhe. Der Vorteil ist: In diese Truhe passt unsere Lehrerin ganz genau rein.

Es geht alles ganz schnell. Drei Minuten, dann ist sie verstaut. Und am Abend, wenn nichts los ist, wird sie weitertransportiert. Es läuft alles so glatt, das macht richtig Spaß.

Als wir an der Rezeption den Schlüssel abgeben, wartet dort schon der nächste Auftrag auf uns. Draußen zwei Bänke reparieren, nichts leichter als das, die frische Luft wird uns guttun.

„Hat im Dorfidyll alles geklappt?“, fragt der Chef. Er hat eine magische Eigenschaft, die man sonst nur aus Harry-Potter-Filmen kennt. Der Chef kann nämlich an verschiedenen Orten gleichzeitig sein. Rezeption, Seminarraum, Restaurant – er ist überall und nirgends zugleich. Dabei kann er Anzug, Wanderdress und Jagdausrüstung allein durch einen Fingerschnipp wechseln. Zumindest kommt es einem so vor.

„Super!“, sage ich. „Der Bauernschrank steht wieder top!“

„Die Lehrerin freut sich, wenn sie vom Wandern zurückkommt“, fügt Lutz überflüssigerweise hinzu.

„Welche Lehrerin?“, will der Chef wissen, aber da habe ich Lutz schon nach draußen gedrängt.

Die Bänke gehen schnell, anschließend hat man noch eine kaputte Leuchte für uns – auf Zimmer 24.

„Das ist ja wieder zweite Etage“, rutscht es meinem Kumpel heraus.

„Ist das ein Problem?“, fragt der Chef, diesmal nicht der richtige Chef, der hat sich inzwischen wahrscheinlich auf den Parkplatz gebeamt, sondern der Chef der Rezeption.

„Nö“, sage ich und schiebe Lutz Richtung Fahrstuhl,

„hätten wir nur vorhin mitmachen können."

Leuchte wechseln macht man eigentlich nicht zu zweit, aber Lutz kann man im Moment nicht allein lassen, außerdem muss ich jetzt an der Truhe vorbei, darauf habe ich tatsächlich keinen Bock.

Auf dem Weg zur 24 nähern wir uns wortlos der Truhe. Wie auch anders. Grüßen bringt ja nichts beim Gast in Truhe 1. Das Blöde ist nur, am Ende des Flurs, in unmittelbarer Nähe der Truhe, kommt uns plötzlich der Chef entgegen, also der richtige Chef. Er hat sich nicht auf den Parkplatz, sondern auf die zweite Etage gebeamt.

„Ach du Scheiße", sagt Lutz zur Begrüßung.

„Wie bitte?", will der Chef wissen. Im Hotel ist unflätige Wortwahl nicht erlaubt.

„Er meint, wir haben die Leuchte vergessen", flunkere ich. Dann sehe ich, was Lutz gesehen hat: Die Truhe läuft aus.

„Ich glaube, unten sucht man Sie", fällt es Lutz ein. „Ich weiß nicht, ob es wichtig ist. Ich glaube, der Ministerpräsident will hier logieren."

Der Chef ist zumindest mal weg.

„Die Lehrerin muss auch weg", flüstere ich.

„Und Elenas Spezialreiniger her", flüstert Lutz.

Gott sei Dank ist noch immer nichts los im Hotel, bestes Wetter, da sind alle unterwegs. Also Rollwagen her, neuer Wäschesack her und die Lehrerin aus der Truhe geholt. Lutz stöhnt wegen Rücken. Der hat echt eine Wellnessmassage verdient.

Wir müssen uns nicht absprechen, mit dem Aufzug nach unten und dann auf dem schnellsten Weg raus aus dem Hotel! Wir verlassen gerade gegenüber dem Schwimmbad den Lift, als plötzlich die Chefin vor uns steht. Sie hat auch Superkräfte. „Ah super, bringt ihr die Saunatücher runter?", sagt sie mit Blick auf unseren Sack. „Da halte ich euch doch gleichmal die Tür auf."

Uns bleibt nichts anderes übrig. Wir müssen mit der Lehrerin in den Bad-und-Sauna-Bereich. Die Chefin immerhin lässt hinter uns die Tür zufallen und verschwindet eilig in Richtung Ausgang.

„Und jetzt?", Lutz sieht sich hektisch um. „Wollen wir sie auf eine der Saunabänke legen?" Er geht ein paar Schritte – und rutscht dabei beinahe aus. Fluchend testet er den Boden. „Total glatt hier, wenn sich da mal keiner langmacht."

Das ist die Idee! Wir verstecken die Lehrerin nicht. Wir täuschen einen Glätteunfall vor.

Lutz ist begeistert. Wir nehmen die Tante aus dem Sack und legen sie auf den Rücken. Danach Wäschesack weg, Rollwagen weg, Leuchte reparieren, wir sind sowas von auf Zack. Als wir uns an der Rezeption zurückmelden, nimmt der Chef uns beiseite.

„Von wegen Ministerpräsident", mahnt er Lutz, „das war der Verfassungsschutz, hör mal besser ganz genau hin."

Lutz sieht mich verdattert an.

„Was jetzt ansteht …", wird er vom Chef ins Hier

und Jetzt zurückgeholt, „ein Gast hat sich beschwert. Im Bad- und Saunabereich soll der Boden sehr glatt sein. Ich fürchte, Elena hat ihren Spezialreiniger zum Einsatz gebracht. Wir gehen zusammen runter und sehen uns das an."

„Ach", sagt Lutz.

„Ach", sage ich.

Wir schleichen hinter dem Chef her. Auf dem Weg zum Wellnessbereich zieht mein Leben an mir vorbei. Schön war's, auch die Zeit hier im Hotel. Als Mädchen für alles.

Der Chef bleibt so abrupt stehen, dass Lutz auf ihn aufläuft und ich auf Lutz. Eine Massenkarambolage.

„Ach du Scheiße", sagt der Chef. Sowas sagt er sonst nie. Aber jetzt sehe ich es auch. Da liegt eine Frau im Bad- und Saunabereich. Rötliches Haar. Sie scheint mit dem Hinterkopf aufgeschlagen zu sein. „Du grüne Neune!", sagt nun der Chef. „Das ist die Frau aus Dorfidyll. Wenn das rauskommt, haben wir ein Riesenproblem."

Lutz nickt. Ich sehe ihm an, dass er sagen möchte: ‚Vor allem, wenn sie Lehrerin ist!'

Im Kopf des Chefs arbeitet es, das kann ich sehr genau sehen. „Sie muss hier weg", sagt er schließlich, „fragt sich nur, wie."

Wortlos holen Lutz und ich Rollwagen und Wäschesack ran.

„Ihr seid genial!", der Chef strahlt uns an. „Wie kommen euch immer diese spontanen Ideen?"

Am Ende kommt Madame neben dem Bruchstein am Rande des Dorfes zu liegen. Beliebter Wanderweg, aber etwas knifflig zu laufen. Noch dazu hatte sie ja gar keine Wanderschuhe an.

Chef sagt, der Verfassungsschutz war total aus dem Häuschen. Jetzt kommen die extra, um sie zu filzen, und dann ist sie schon tot. Ihre Kontakte gingen direkt nach China. Sie hat Mitarbeiter aus den hiesigen Firmen anwerben wollen in Sachen Wirtschaftskriminalität.

Konstruktionspläne ... Patente ... Anlagenstraßen ... das ist es, was die interessiert. Hier im Sauerland gibt's ja zig Hidden Champions. Aber ganz so hidden sind die gar nicht. In China weiß man genau, was man wo denkt.

„Die war sogar zum Ball der IHK", sagt der Chef, „als sogenannte Wirtschaftsjournalistin. Die hatte richtig heiße Fummel im Schrank. Eine der letzten offenen Fragen: Warum war eins der Kleider kaputt?"

Lutz sieht mich an, ich sehe Lutz an.

Wir zucken beide die Achseln.

„Was passiert mit den Sachen?", will Lutz wissen. „Ich meine, das wird ja alles nicht mehr gebraucht."

„Polizei", sagt der Chef knapp, nur um dann die Stirn zu runzeln. „Wieso fragst du das, Lutz?"

„Nur so. Könnte ich gebrauchen. Ich bin ja schließlich Mädchen für alles!"

Gras drunter

Ich kann eine Menge ab. Ich bin wirklich geduldig. Aber ein paar Dinge bringen mich in Rage. Geballte Unfähigkeit. Gepaart mit einem Selbstbewusstsein, das auf nichts fußt. All das findet sich bei meinem neuen Kollegen.

Justin.

„Just in time", wie er immer zu scherzen pflegt, „aber „Time" ist nicht der Nachname!"

Ja, das kommt noch hinzu: unlustige Witze. Plus nicht originelle Begrüßungsfloskeln. *„Hallöchen mit Öchen"*, *„Tschau mit Au"*. Ich halte es nicht aus, vor allem, da man ihn in mein Büro verpflanzt hat.

Mit mir kann man's ja machen. Zuverlässige Mitarbeiterin, die immer alles hinnimmt. Die sich in neue Prozesse reinfuchst. Der keine Überstunde zu viel, kein Meeting zu lang ist. Still. Fleißig. Mit zu wenig Gehalt.

Okay, ich mache den Job gerne. Zahlen sind meine Welt. Es freut mich, wenn am Ende alles aufgeht. Ursprünglich komme ich aus einem Handwerkerhaushalt. Mein Vater ist Dachdecker, auch da wird viel gerechnet. Für ein komplexes Dach die Materialien ausrechnen, das macht richtig Spaß. So ganz anders ist meine Arbeit hier auch nicht. Strategischer Einkauf. Das hat viel mit Planung und Berechnung zu tun.

Ich arbeite hart für unsere Firma. Wir fertigen Kleinstteile, die man dann für den Weiterbau von Kleinteilen braucht. Klingt nicht sonderlich sexy, ich weiß, aber das sind die Dinge, mit denen man Geld macht. Vor allem, wenn man sie sorgfältig macht. Und dafür ist es wichtig, dass alle sich optimal einbringen. Aber dann gibt es Kollegen wie Justin.

Justin hat eine sehr laute Stimme. Und mit dieser sehr lauten Stimme redet er Blech.

Faktisch hat er überhaupt keine Ahnung von seinem Job. Angeblich hat er ein Studium in BWL absolviert, aber davon merke ich nichts. Er kriegt hier im Einkauf gar nichts geschissen und fragt ständig nach.

Ich habe mich deswegen auch schon bei meinem Vorgesetzten beschwert. Aber Udo Resmeier meinte, mit gutem Personal sei's nun mal schwierig, in der Datenverarbeitung könnten sie ihn auch nicht gebrauchen, trotzdem gäben wir ihm noch eine Chance.

„Aber warum in meinem Büro?“, wollte ich wissen.

„Wenn er etwas lernt, dann von der Besten“, erklärte man mir. Na toll, jetzt habe ich ihn an der Backe.

„Die Software von ITM ist ja ein Witz“, labert er jetzt. Das ist eigentlich das Schlimmste. Er redet bei der Arbeit ständig vor sich hin. „Ich sollte die ja checken von wegen Alternative zu unserem Materialvorratssystem. Mein Fazit: *No!* Bleiben wir bei dem, was wir haben.

Alte Eisen kehren gut."

Alte Eisen kehren gut?

Auch das ist so ein Ding. Justin benutzt ständig Redensarten, nur leider falsch. „Die haben mich an der kalten Schulter verhungern lassen", erklärte er letztens. Und: „Das habe ich mir unter den Nagel geschnappt!"

Aber vielleicht beschreibt diese Unart ganz gut Justins Problem. Er will es elegant machen und liegt dann knapp daneben. Sowohl sprachlich als auch bei den Zahlen. Neulich hat er sich gewundert, dass eine Drehspindel von 0,1 mm im Einkauf 74 Euro kosten soll. Er wollte sich großmäulig beim Lieferanten beschweren. Ein einziger Blick auf seinen Bildschirm hat mir gezeigt, dass 74 Euro der Preis für tausend Stück ist. Rechtzeitig gemerkt. Just in time, kann man vielleicht sagen.

„Huppsi", sagte Justin, nachdem ich ihn aufgeklärt hatte, „naja, kann passieren. *Gras drüber!* würde ich sagen."

Hä? *Gras drüber?* Was meinte er damit? *Schwamm drüber* wahrscheinlich.

„*Gras drüber* gibt's nicht", schnodderte ich ihn an.

Justin fasste sich an die Stirn. „Huppsi!", sagte er wieder. „Es heißt *Gras drunter,* habe ich nicht recht?"

So ist Justin.

Es ist ein krasser Widerspruch, dass wir Präzisionsbauteile herstellen und Justin so unpräzise ist. Kommastellen sind in der Buchhaltung ausgesprochen wichtig. Und Formulierungen auch.

Und trotzdem schafft Justin es regelmäßig, seine Vorgesetzten zu blenden. Ich weiß jetzt schon, wie er nachher in der Mittagspause seine „Recherchearbeit" in Sachen ITM ausschlachten wird. Dabei hat er das Betriebssystem vermutlich einfach nicht geschnallt.

„Spezialauftrag", schwadroniert Justin jetzt weiter. Er hat seinen Bürostuhl zurückgeschoben und sitzt breitbeinig vor seinem Rechner. Darf ich sagen, dass ich ihm in die Eier treten will?

Tatsächlich glaube ich, solch ein Gockel-Gebaren ist vorwiegend männlich: keine Ahnung von nichts, aber trotzdem mit größter Überzeugung laut krähen und sich verkaufen. So ein Typ hat kein Problem, sich auf die nächste Beförderungsstelle zu bewerben. Während ich mich bei der Ausschreibung wochenlang frage, ob ich wirklich allen Anforderungen gewachsen bin, hat er die Stelle schon sicher. Ich habe echt einen Hals.

Justin wartet, dass ich nach seinem „Spezialauftrag" frage. Als ich das nicht tue, erzählt er trotzdem davon. „Die Chefin sagt, ich soll den Betriebsausflug für die Verwaltung organisieren. Da muss mal frischer Wind rein, hat sie gesagt. Das wär was für mich."

Ein bisschen freue ich mich. Man kapiert langsam in der Führungsetage, dass man Justin an die wichtigen Dinge nicht ranlassen darf. ITM ausprobieren, Betriebsausflug planen, wäre schön, wenn er demnächst mal den Aufenthaltsraum ausmessen soll.

Ich schweige, wie immer, was Justin zu der Bemerkung

veranlasst: „Betriebsausflug, Dani, hättest du da nicht eine Idee?"

„Justin ...", sage ich und hole Luft, um zu explodieren. Ich möchte sagen, dass ich im Gegensatz zu ihm etwas leiste. Dass ich in eine Aufstellung vertieft bin. Dass ich mich konzentriere, während er ...

„Teambuilding!", haut Justin unvermittelt raus. „Ja klar, das machen jetzt alle. Zusammen was aufbauen. Alle in einem Boot – *paddel paddel* – und dann in den Hochseilgarten, wo man sich aufeinander verlässt."

Er strahlt mich an, will meine Zustimmung hören.

Obwohl es mich ärgert, schafft Justin es auch jetzt wieder, dass ich den Faden verliere und mich stattdessen auf sein Gelaber einlasse. Udo Resmeier taucht in meiner Vorstellung auf. Unser Vorgesetzter wiegt satte hundertvierzig Kilo. In einem Hochseilgarten sehe ich ihn nicht und zusammen mit ihm in einem Boot, da kriegt man Absaufgefühle.

„Keine gute Idee", werfe ich ein, „zu viele Kollegen, die damit nichts anfangen können."

„Pusteblume!", sagt Justin und ich überlege für einen Moment, ob das der Name eines Hochseilgartens ist. Dann kriege ich es klar. Er hat „Pustekuchen!" gemeint. Denn jetzt erklärt er mir, warum mein Einwand Nonsens und seine Idee richtig toll ist.

„Da gibt's doch dieses Outdoor-Erlebnis-Dings am See", fällt ihm abschließend ein, er zieht seine Tastatur näher ran, „das habe ich schon länger auf dem Kerbholz, ich schau es mir mal an."

Während er auf die Tasten einhackt, breche ich vor meinem Bildschirm zusammen. Verzweifelt schließe ich die Augen und versuche mich zu erden. „Durchschlucken und runteratmen!", würde Justin vielleicht sagen.

Auf der Busfahrt zum Betriebsausflug macht Justin richtig Stimmung. Wie ein Reiseleiter sitzt er neben dem Fahrer und unterhält alle, die das nicht wollen.

„Hallöchen mit Öchen", plappert er ins Mikro hinein, „heute wird's ein bisschen gefährlich, wir klettern in zwölf Metern Höhe. Ich hoffe, ihr habt alle eine gute Versicherung von wegen Berufsunfähigkeit."

Ich möchte aufstehen und sagen, dass Justin schon vom ersten Arbeitstag an berufsunfähig war. Aber wie immer halte ich den Mund, schaue aus dem Fenster und freue mich, als wir endlich den Zielort erreichen.

Als ich aussteige, bin ich sofort von der Umgebung gefangen. Die Location liegt unter hohen Bäumen direkt am See. Durch das Laub bricht die Sonne, das Rauschen der Blätter sorgt für einen zauberhaften Glitzereffekt. Alles wäre wunderbar, wenn Justin nicht lauthals rumtrompeten würde, wie grandios er ist, da er diese Location ausgesucht hat.

Es gibt einen urigen Empfang mit Wald-Cocktails, dann werden wir von einem bärtigen Mitarbeiter begrüßt, der sich als Tom vorstellt, aber bald unserer

Chefin das Wort überlässt.

Das läuft immer gleich ab. Einmal zum Betriebsausflug im Juni, einmal zur Weihnachtsfeier am Jahresende spricht Angela M. aufbauende Worte. Erwähnt Neuerungen und spornt uns an, weiterhin alles für die Firma zu tun. Ich mag unsere Chefin. Sie ist Mitte fünfzig und außerordentlich fit, dabei nüchtern und präzise, für mich hat sie eine Art Vorbildfunktion. Beim Betriebsausflug sucht sie in der Regel mit jedem das Gespräch. Vielleicht traue ich mich heute, sie um einen Gefallen zu bitten. Nämlich, dass man Justin umpflanzt – am besten in die freie Natur. Umso mehr, da die Chefin just in diesem Moment Justin dankt. Für die Organisation dieses Ausflugs – und überhaupt die Idee, unsere Teamfähigkeit in den Fokus zu stellen.

„Zuletzt noch eine Bekanntmachung", teilt uns Angela M. traurig mit, „leider wird Udo Resmeier nicht mehr lange unser Team unterstützen."

Allgemeines Geraune setzt ein. Und auch mir fällt um ein Haar mein alkoholfreier Cocktail aus der Hand. Mein Vorgesetzter geht? Aber der ist doch erst zweiundsechzig. Wobei, zweiundsechzig …

„Herr Resmeier geht zum Jahreswechsel in den Vorruhestand. Mir ist sehr bewusst, wie schwer es wird, ihn zu ersetzen!"

Udo Resmeier wird rot und winkt beschämt ab, trotzdem kann man deutlich erkennen: er freut sich über das Lob.

„Wir werden alles tun, um die Position gut zu besetzen. Denn unsere Firma läuft nur, wenn alle Räder ineinandergreifen wie ein komplexes Uhrwerk. Das hat bislang gut geklappt und soll auch in Zukunft gut klappen. Ich möchte an dieser Stelle Danke sagen für Ihren außerordentlichen Einsatz in wirtschaftlich herausfordernden Zeiten. Ich wünsche uns allen einen schönen und erlebnisreichen Tag!"

Es wird geklatscht, geprostet, getrunken. Ich selbst bin ziemlich baff. Was bedeutet es, dass Udo Resmeier geht?

„Wir starten mit einer Kanufahrt", höre ich bald darauf den Bärtigen sagen. „Ihr werdet sehen, wie sehr es da auf Teamwork ankommt."

Blitzschnell überlege ich, mit wem ich in ein Boot will. Vielleicht mit den Leuten aus der EDV, die sind auch Eigenbrötler und sehen ähnlich begeistert aus wie ich.

„Ich verteile Kärtchen", haut Tom mir dazwischen, „damit sich die Boote willkürlich mischen. Ihr arbeitet mit den Leuten zusammen, die euch das Los zugeteilt hat."

Na toll! Tom gibt eine Einführung, der ich nur mühsam folge. Mit meinen Gedanken bin ich woanders. Hat man mir Justin in der Hoffnung zugeteilt, dass er langfristig meine Aufgaben stemmt? Damit ich wiederum Udos Position übernehme? Das ergibt plötzlich Sinn. Nur, wie soll ich mich dann am besten verhalten? Justin unterstützen, damit ich frei bin für meinen Job? Ich traue dem Typen nichts zu, andersherum hat es durchaus Vorteile, wenn meine Stelle fortan mit einem Idioten besetzt ist.

Das Los sorgt dafür, dass ich mit der Chefin in einem Boot sitze, außerdem mit Peter aus der EDV, Heike aus dem Marketing, zwei Sales Area Leuten, Henry aus der Logistik und der jungen Sarah aus der Finance Abteilung. Es hätte schlimmer kommen können, denke ich so, und auch, dass die Chefin hinten sitzt und das Steuer übernimmt, finde ich passend, bis Tom sagt: „Wir verteilen etwas um. Einer aus Boot zwei bitte in Boot drei."

Dreißig Sekunden später stößt Justin zu uns und wird von unserem Trainer ganz vorne platziert. „Du übernimmst das Kommando", klärt Tom ihn auf, „alle orientieren sich an dir. Es muss einen gemeinsamen Rhythmus geben, sonst schlingert ihr wild hin und her."

Das tun wir am Anfang definitiv. Einen Meter nach links, einen nach rechts, und einmal schaukelt das Boot so, dass Sarah kreischt. Wir müssen erst lernen, wie man das Paddel richtig hält, wie tief man es ins Wasser taucht und vor allem, wie wir gemeinsam einen Rhythmus hinkriegen. Das funktioniert am besten, wenn Justin laut die Schläge ansagt.

Es ist demütigend. Da sitze ich und paddele so, wie Justin es will. Ein paar Minuten lang halte ich das aus, dann lässt mich irgendetwas ausscheren, sorgt dafür, dass ich nicht mehr im Takt bin, sondern mit dem Paddel gegensteuere. Man merkt es sofort. Das Kanu verliert seinen Kurs.

„Was machst du denn da?“, herrscht Peter mich an. „Du eierst herum!“

Ich spüre den bohrenden Blick der Chefin in meinem Rücken, zumindest bilde ich mir das ein.

„Alle im Takt!“, greift Justin nach einem kurzen Schulterblick ein. „Dani, du schaffst das. Konzentrier dich auf unseren Rhythmus. Erfolg ist die Mutter der Porzellankiste!“

Vor lauter Schreck tauche ich das Paddel zu tief ins Wasser und reiße es dann hektisch wieder hoch. Im nächsten Moment hinter mir ein Schrei. Ich fahre herum. Die Chefin ist klitschnass. Ich habe ihr eine Ladung Wasser in den Schoß geschaufelt. *Shit! Shit! Shit!* Dabei weiß ich doch, wer die Mutter der Porzellankiste ist.

Beim anschließenden Imbiss sondere ich mich ab, ich muss das erstmal alles verdauen. Ich sollte mich nochmal bei der Chefin entschuldigen! Und außerdem einen Schlachtplan entwickeln!

Wenn ich Udos Position will, muss ich mich logischerweise positionieren. Wie mache ich das? Ich bin in diesen Dingen nicht sonderlich geschickt. Und dann sehe ich unter ein paar Bäumen die Chefin da stehen. Sie trägt eine alte Jogginghose und ein Schlabber-Shirt,

Klamotten, die Tom aus einer Ecke gekramt hat. Ist das peinlich, dass die Chefin meinetwegen so rumlaufen muss!

Sie hat sich von der Gruppe entfernt, um zu telefonieren. Ich schnappe ein paar Fetzen auf, offenbar lässt sie sich Ersatzkleidung nachbringen. Irgendwann ist sie damit fertig und steckt das Handy weg. Ich nähere mich vorsichtig, mir scheint, jetzt ist die Gelegenheit da.

Die Chefin sieht hoch. „Frau Hegmann", sagt sie überrascht, „gar nicht so einfach im Takt zu bleiben, nicht wahr?"

Die Frage überrumpelt mich, will sie mich kritisieren?

„Ja … nein", stottere ich, „es tut mir furchtbar leid, ich war unkonzentriert. Herr Resmeiers Weggang hat mich überrascht."

„Er wird uns sehr fehlen", stimmt die Chefin zu, „gute Mitarbeiterführung ist nicht jedem gegeben."

Wieder so ein Satz, der keine Ermutigung ist.

„Mir wurde ja Justin Rahnfeld zugeteilt", sage ich aus lauter Not.

„Gut, dass Sie darauf kommen", die Chefin wirkt plötzlich fokussiert, „klappt es mit der Zusammenarbeit?"

Die Frage scheint mir gefährlich. Darf ich meinen Frust ablassen? Oder verrät das mangelnden Teamgeist? Schlechte Mitarbeiterführung womöglich?

„Mein Bereich entspricht möglicherweise nicht seinen Kompetenzen."

Was rede ich da? Justin hat gar keine Kompetenzen.

Bestenfalls kann er einen Betriebsausflug planen.

„Interessant, den Eindruck habe ich nämlich auch. Ich sehe ihn eher in der Business Administration."

Ich zucke zusammen. Was will die Chefin damit sagen? Udo ist Teil der Business Administration. Sie will doch Justin nicht zu dessen Position hinführen?

„Frau Müssing?", schallt es herüber. Die Chefin wird gesucht. Sie wird von Justin gesucht. Er hat uns entdeckt und kommt auf uns zu.

„Die Einführung für den Hochseilgarten beginnt", ruft er von weitem, „ich glaube, da sollte man dabei sein, sonst kann es böse enden." Er gluckst wie ein Kind, damit man die Witzigkeit der Bemerkung erkennt.

Als wir uns in Richtung Gruppe aufmachen, gehe ich das Gespräch nochmal durch. Die Chefin scheint wegen des Paddelmalheurs nicht sauer zu sein, das ist schon mal gut. Aber bezüglich Justin bin ich nicht weitergekommen. Warum sieht die Chefin das Offensichtliche nicht?

Mein Gefühl wird noch schlechter, als wir zu Justin aufschließen und der zu den Masten des Klettergartens hochblickt: „Bin gespannt, wie die Luft da oben ist!"

„Dünn", flüstere ich dumpf, und: „Wer hoch steigt, fällt tief."

Die meisten sind zum Bogenschießen verschwunden, nur eine Handvoll hat den Hochseilgarten gewählt.

Tom erklärt das Material und die Technik, das dauert seine Zeit. Ich kenne das alles, Klettern ist mein Sport, manchmal geh ich sogar Bouldern, ein Hochseilgarten ist letztlich Pipikram für mich.

Tom wiederholt am Ende noch einmal das Prinzip. Man ist mit zwei Karabinern gesichert. Beim Umhängen an den Stationen nie beide Karabiner gleichzeitig lösen. Dann kann nichts passieren.

„Es sei denn, man liebt den Nervenkitzel", tönt Justin dazwischen.

„Es sei denn, man ist lebensmüde", retourniert Tom denkbar knapp.

Ich schaue zur Chefin hinüber. Ich hoffe, sie hat Justins Schwachsinn gehört. Leider ist sie total auf ihre Gurte fixiert. Kurz denke ich, sie checkt, ob wir die Metallteile auch herstellen könnten, aber dann wird mir klar: das Ganze ist ihr suspekt. Tom sieht es auch. „Frau Müssing, wir gehen zusammen", legt er fest, dann blickt er auffordernd in die Runde, „alle anderen müssen auch Paare bilden."

Diesmal bin ich es, die die Initiative ergreift.

„Justin", sage ich, „wir sitzen in einem Büro, wir bilden ein Team."

Mein Kollege scheint überrascht. „Okay", flachst er schließlich, „mal gucken, wer höher hinauswill."

Wir starten als Erste. Tom hat gemerkt, dass ich kletteraffin bin.

Schon der Aufstieg ist anspruchsvoll, wenn man's

nicht gewohnt ist. Wir müssen eine Strickleiter hoch, und trotz der Sicherung durchs Stahlseil setzt einem die Höhe ganz schön zu. Für mich kein Problem, aber bei Justin merke ich, dass er zögerlich ist. Immer eine Sprosse, dann zieht er den Fuß nach, das dauert länger, als die Leiter wie eine Treppe zu gehen. Von unten kommt ein Spruch. „Nicht einschlafen, Justin!" Da reißt er sich zusammen und legt an Tempo zu. Als er schließlich zu mir aufs Plateau tritt, wirkt er ein bisschen gestresst.

„Hui", sagt er und atmet tief durch, „ganz schön zugig hier oben."

Von unten ruft jetzt Tom zu uns herauf. „Hakt euch mal um! Ab jetzt gilt für euch das Vier-Augen-Prinzip."

„Das Vier-Augen-Prinzip?", Justin sieht mich fragend an. „Was meint er damit?"

„Jeder guckt beim anderen mit, wenn bei den Stationen umgehakt wird." Ich mache mich bereits für die erste Station klar, wende mich dann aber nochmal an Justin. „Ehrlich gesagt, wir sind erwachsene Menschen, ich würde sagen, jeder schaut für sich selbst."

Justin nickt und murmelt irgendwas.

Die erste Station ist ziemlich einfach. Man läuft über einen schwingenden Balken. Nur eben in zwölf Metern Höhe.

Ich bin da fix drüber, aber auch Justin schlägt sich ganz gut. Allerdings schaut er beim Balancieren nach unten und kann selbst in dieser Situation das Labern nicht lassen. „Fällt man weich, wenn man hier abstürzt?"

„Ist Gras drunter", stelle ich fest.

Als wir gerade an Station vier die *Swinging Steps* gemeistert haben, hören wir, wie Tom von unten etwas ruft.

„Bei euch alles klar?", will er wissen.

„Ja, schon", antworte ich, „aber warum bist du unten? Was ist bei euch los?"

„Die anderen haben abgebrochen", ruft Tom zu uns herauf, „kleiner Schwächeanfall bei der Chefin, aber nichts Schlimmes passiert."

Ich sehe mich um. Tatsächlich folgt uns keiner mehr nach. Ich hatte gedacht, wir seien bloß zu schnell für die anderen. Aber dass sie gar nicht mehr da sind –

„Macht ihr weiter?", brüllt Tom zu uns herauf.

„Ja klar", antworte ich für uns beide.

Tom hebt den Daumen und wendet sich ab.

„Nur die Besten kommen in den Garten", brüllt Justin ihm nach. Wenn er Glück hat, hat Tom es schon nicht mehr gehört.

„Na dann", seufze ich, „machen die Besten mal weiter."

Die Stationen werden zunehmend schwerer.

Justin wird zunehmend leiser, das hatte ich gehofft. Nach der siebten Etappe hockt er sich erstmal zum Ausruhen aufs Plateau. „Ganz schön anstrengend", stellt er fest.

„Du machst doch nicht schlapp?"

Er antwortet nicht gleich. Ich denke, es ist Zeit für ein Gespräch.

„Wusstest du schon vorher, dass Udo Resmeier geht?“, bohre ich nach.

„Hab was läuten hören“, gibt Justin zu, „aber nicht, wie und wann.“

Ich nehme das zur Kenntnis. Justin quatscht halt mit allen Leuten.

„Und? Wie blickst du darauf?“

„Du meinst, ob ich mich bewerbe?“, Justin sieht mich unschuldig an. „Hab drüber nachgedacht, ja.“

Waaas? Ich habe das Gefühl, das Gleichgewicht zu verlieren. Das ist nicht sein Ernst!

„Echt?“, rutscht es mir heraus. „Ganz schön mutig, würde ich sagen. Ich meine, du bist ja noch nicht so ewig bei uns.“

„Das nicht, aber ich denke, dass man mich mit Blick auf Udos Weggang eingestellt hat. Ist ja kein Zufall, dass ich gerade alle Abteilungen kennenlernen soll.“

Ich breche zusammen! Woher nimmt dieser Kerl sein Selbstbewusstsein?

„Justin“, halte ich mich nur mühsam in Zaum, „hältst du dich wirklich für qualifiziert?“ Sein Blick wirkt ehrlich erstaunt. „Ich meine, du hast bislang keinerlei Durchblick!“

„Noch nicht, aber bald“, gibt Justin patzig zurück. „Außerdem läuft bei dir ja auch nicht alles rund.“

„Was willst du damit sagen?“

„Dass du auch Fehler machst! Ich glaube, du hast manchmal ein falsches Empfängerkonto angegeben, ich hab's nicht ganz geschnallt, aber wenn mich nicht alles täuscht, ist es zu Fehlbuchungen gekommen."

Meine Atmung setzt aus. Was zum Teufel weiß dieser Scheißer?

„Ich will damit nur sagen, du bist auch nicht perfekt", er lächelt großzügig. „Aber sicher kann man das ausbügeln. Ich kümmere mich drum!" Dann hebt er den Blick. „Apropos ausbügeln: Besser, wir machen mal weiter. Die anderen warten sicher schon auf uns."

Wie in Trance blicke ich auf den Parcours. Schwingende Steigbügel in unterschiedlichen Höhen, so könnte man die nächste Station wohl beschreiben. Man tritt mit einem Fuß in einen Bügel hinein, hält sich am Seil fest und schwingt dann zum nächsten. Nicht ohne Anspruch, für mich eigentlich ein Klacks. Allerdings ist mir meine Konzentration abhandengekommen. Habe ich Justin so sehr unterschätzt?

Wie in geistiger Umnachtung sichere ich mich und steige in den ersten Bügel. Drei Anschwünge brauche ich, um den nächsten Bügel zu erreichen, und das in zwölf Metern Höhe. Justin hockt noch immer auf der Plattform und lässt mir ausreichend Zeit.

Warum verflixt nochmal hat der Kerl in meinen Zahlungen herumrecherchiert? Okay, er hat bislang nicht kapiert, dass ich hin und wieder eine zusätzliche Rechnungstellung eingebucht habe. Für eine Leistung, die gar nicht erfolgt ist. Auf ein Konto, das meins ist.

Bei Firmen, die regelmäßig von uns bezahlt werden,

fällt das nicht auf. Und niemand checkt, ob sich da was am Empfängerkonto ändert.

Niemand außer Justin, scheint mir.

In meinem Kopf rasen die Gedanken. Was kann ich tun? Darauf hoffen, dass Justin es auch in Zukunft nicht kapiert? Dass er es nicht als „Fahndungserfolg“ für seine Beförderung nutzt? Hoffen und Bangen ist kein gutes Konzept.

„Alles okay?“, fragt Justin. Kein Wunder, ich stehe seit Ewigkeiten im ersten Bügel herum.

„Ja klar“, lüge ich, „ich genieße die Aussicht. Gleich kommt die Abfahrt mit der Seilbahn, das wird richtig krass!“

Ich fokussiere mich, schaffe den nächsten Bügel, nehme den Schwung mit, um gleich an den nächsten zu hangeln. Irgendwie geht's weiter, und das ist vielleicht die Lösung. Weitermachen. Im Rhythmus bleiben. Nicht unsicher werden. Im Kanu habe ich erlebt, was dann passiert.

Ganz ehrlich, ich finde es legitim, mein Gehalt aufzustocken. Ich arbeite verdammt viel für die Firma. Und so lange man Leute wie Udo Resmeier derart überbezahlt, hole ich mir den Lohnausgleich selbst.

Das habe ich allerdings nicht mehr nötig, wenn ich Udo Resmeiers Job hab. Also demnächst.

Ein letztes Mal Hangeln, dann kommt der Schritt aufs Podest, etwas knifflig, weil der letzte Bügel weit weghängt. Ich nehme alle Kraft zusammen und schwinge hin, springe aus dem Bügel und lande im nächsten Moment elegant auf der Plattform.

Auf der anderen Seite steht Justin auf, einigermaßen beeindruckt.

„Na dann", ruft er, „einmal noch quälen, dann wird gerutscht. Hauptsache, nicht das Herz in die Hose."

Das ist der Satz, der den entscheidenden Gedanken auslöst.

Herz in der Hose.

Ich sehe, wie Justin die Bügel entlangschwingt.

Ich sehe ihn und ich sehe ihn nicht.

Ich sehe etwas anderes. Ich sehe, wie etwas passiert.

„Da bin ich!", Justin ist außer Atem. Aber er steht mit mir auf dem Plateau.

„Wahnsinn, deine Performance! Ich habe selten erlebt, dass sich jemand beim ersten Mal so grandios schlägt."

Justin lächelt geschmeichelt. Er freut sich über das Lob.

„Und jetzt die Seilbahn", sagt er, „das wird ein Spaß!"

„Die Seilbahn ist das Beste", bestätige ich, „auch weil man dabei endlich ohne Sicherung ist."

„Ohne Sicherung?", Justin ist verdutzt.

„Ja klar", lache ich ihn aus, „meinst du, dein Karabiner rattert bei vollem Tempo neben dir her?"

„Ach so", Justin ist es peinlich, „ja klar."

Ich lächele gnädig. „Du als Erster", lasse ich ihn vor, „ich reiche dir das Seil."

„Okay“, Justin hakt sich aus. Ich checke derweil die Umgebung. Niemand in Sicht.

„Zwölf Meter“, Justin atmet tief ein, „ich bin bereit.“

„Zwölf Meter“, bestätige ich, „ich bin es auch.“

Justin möchte nach dem Seil greifen. In dem Moment stoße ich zu. Mit voller Kraft.

Justin stößt einen gellenden Schrei aus, als er in die Tiefe stürzt.

Mir entfleucht nur ein mattes „Tschau mit Au.“

„Ich bin ehrlich“, sagt die Chefin zu mir. „Ich war lange unsicher, ob Udo Resmeiers Position etwas für Sie ist. Mir ist klar, dass Sie sich mit Teamarbeit schwertun. Aber wie Sie mit diesem Unglücksfall umgegangen sind, hat mir imponiert. Auch mit allem danach. Genauigkeit und Diskretion bei der Aufklärung der ganzen Geschichte, so etwas schätze ich sehr. “

Ich merke, wie ich rot werde, ich freue mich über das Lob.

„Danke“, sage ich bescheiden. „Mir war es wichtig, im Sinne der Firma zu agieren.“

Die Chefin hebt eine Augenbraue. „Ich will mir nicht ausmalen, wie viel Schaden Rahnfeld noch angerichtet hätte, wenn Ihnen die Manipulation nicht aufgefallen wär. Das waren ja schon jetzt 40.000 Euro.“

„38.420“, verbessere ich.

In der Buchhaltung sollte man korrekt sein. Und

diese Zahl kenne ich nun mal ziemlich genau.

„Die müssen wir abschreiben“, sagt die Chefin nüchtern, „*Gras drüber,* würde ich sagen.“

Ich muss schlucken. Und verkneife mir, sie zu verbessern.

„Für Image und Team Spirit war es sicher besser, die Sache unter den Teppich zu kehren“, bescheinigt sich die Chefin.

Ich nicke zustimmend. Wo sie recht hat, hat sie recht. Vor allem, wenn es um mein Image geht.

Aber wenn ich ehrlich bin, enttäuscht mich die Chefin auf ganzer Linie. Ich hatte sie für clever gehalten, jetzt fallen mir ihre Defizite auf. Ich frage mich, wie lange sie noch macht. Und wann sie sich dann eine Nachfolgerin sucht – und wen.

Ich würde sagen, ein paar Jahre arbeite ich auf der neuen Position. Und dann geht‘s bestenfalls weiter nach oben. Ich komme schließlich aus einem Dachdeckerhaushalt, da ist die Richtung immer klar.

Falls die Chefin mein Potential nicht erkennt, löse ich das Problem vielleicht anders. Mittlerweile bin ich im Bogenschießen gut. Auch ein blindes Huhn hat manchmal noch einen Pfeil im Köcher.

Zu den Geschichten

Gras drüber
2024, Erstveröffentlichung

Knast oder Keller
2024, Erstveröffentlichung

Leer
2017 erschienen in: Feinste Friesenmorde.
Leda Leer. Leicht gekürzt

Zelt-Therapie
2020, erschienen in: Das Campen ist des Mörders Lust.
Kurzkrimis für Campingfreunde.
kbv Hillesheim. Leicht gekürzt

Die Welt ein Dorf
2024, Erstveröffentlichung

Mitgenommen
2024, Erstveröffentlichung

Runter vom Sofa
2024, Erstveröffentlichung

Freier Fall
2021 erschienen in: Im Mordfall Iserlohn.
Emons Verlag Köln. Leicht gekürzt
„Freier Fall" gewann im Jahr 2022 als „bester deutschsprachiger Kurzkrimi" den Glauser-Preis.

Frauensolo
2024, Erstveröffentlichung

Dran glauben
2016 erschienen in: Glaube. Liebe. Leichenschau. Mord am Hellweg VIII. grafit Dortmund. Leicht gekürzt

Brocken-Blick
2013 erschienen in: Ruhe sanft in Sachsen-Anhalt. Kurzkrimis aus dem Land der Frühaufsteher. kbv Hillesheim. Leicht gekürzt

Kein bisschen lebendig
2024, Erstveröffentlichung

Knurrhahn
2015 erschienen unter dem Titel Manche mögen's leis. In: Flossen hoch 3.0. Jetzt erst recht. Kriminelles zwischen Kiemen und Korn. Leda, Leer. Leicht gekürzt

Mädchen für alles
2024, Erstveröffentlichung

Gras drunter
2024, Erstveröffentlichung

Mehr Kurzkrimis von Kathrin Heinrichs

In ihren Kurzkrimis entführt Kathrin Heinrichs
mal in zutiefst komische, mal ausweglos
tragische Situationen.

Tot überm Zaun

Das Sauerland & andere Regionen in 12 Kurzkrimis

ISBN 978-3-934327-11-5 · 9,20 €

Zaunphantasien mit tödlichem Ausgang …
Ein Sauerländer Seniorentrio,
das den ultimativen Banküberfall plant …
Die Suche nach einer Vermissten
auf dem Rothaarsteig …

Um die Ecke gebracht

Das Sauerland & andere Regionen in 12 Kurzkrimis

ISBN 978-3-934327-13-9 · 9,80 €

Eine Senioren-WG, die aus den Fugen gerät …
Drei Metalldiebe auf Höllentour
durchs Sauerland …
Eine Dorfgemeinschaft, die zum
Äußersten greift …

www.Kathrin-Heinrichs.de

Die Kriminalromane um Anton & Zofia

Anton ist alt. Zofia ist jung.
Anton liebt sein Dorf. Zofia liebt Polen.
Eins allerdings verbindet die beiden:
Sie wollen aus ihrem Leben noch etwas machen.
Zum Beispiel einen Mordfall lösen ...

Nichts wie es war
ISBN 978-3-934327-27-6 · 11,90 €

Bis auf den Grund
ISBN 978-3-934327-29-0 · 11,90 €

Am Ende zu viel
ISBN 978-3-934327-63-4 · 13,90 €

Die Kult-Krimis um Vincent Jakobs

Ausflug ins Grüne
Mord an einer katholischen Privatschule
ISBN 978-3-934327-00-9 · 9,20 €

Der König geht tot
Mord auf dem Schützenfest
ISBN 978-3-934327-01-6 · 9,20 €

Bauernsalat
Mord auf dem Bauernhof
ISBN 978-3-934327-02-3 · 9,20 €

Krank für zwei
Mord in der Provinzklinik
ISBN 978-3-934327-04-7 · 9,20 €

Sau tot
Mord auf der Treibjagd
ISBN 978-3-934327-05-4 · 9,20 €

Totenläuten
Mord in Kirchenkreisen
ISBN 978-3-934327-06-1 · 9,20 €

Druckerschwärze
Mord in einer Zeitungsredaktion
ISBN 978-3-934327-10-8 · 9,20 €

Salamitaktik
Mord im Fußballverein
ISBN 978-3-934327-12-2 · 9,80 €

Heimatrausch
Mord im Freundeskreis
ISBN 978-3-934327-14-6 · 9,80 €

Aus dem Takt
Mord im Chor
ISBN 978-3-934327-61-0 · 9,80 €

Alltagssatiren

Nelly und das Leben

Süß-saure Geschichten

ISBN 978-3-934327-03-6 · 8,80 €

Warum zwei rosa Streifen das Leben verändern können. Warum in Krabbelgruppen gelegentlich ein Mord passiert. Warum besuche im Spaßbad nicht wirklich spaßig sind. Warum die erste Tupperparty ein Wendepunkt im Leben ist. Nellys Leben ist voller Fragen. Und Nellys Geschichten sind voller Antworten.

Nelly und das Leben geht weiter

Neue süß-saure Geschichten

ISBN 978-3-934327-07-8 · 8,80 €

Es sind weiterhin die großen Fragen des Alltags, die Nellys Leben bestimmen: Wie ein Schafwollpullover das große Glück verhindern kann. Warum man gelegentlich in einem T-Shirt Größe XS steckenbleibt. Wieso manche Weihnachtsbäume noch beim Abholen peinlich sind. Nelly schlägt sich durch. Und macht dabei immer wieder die Erfahrung: Das Leben ist hart. Aber manchmal auch lustig.

www.Kathrin-Heinrichs.de

Nellys Leben steht kopf

Frische süß-saure Geschichten

ISBN 978-3-934327-15-3 · 9,20 €

Warum begeistern sich Männer über 40 vorzugsweise für Sachen mit M? Kann ein Hahnenkostüm einen Zehnjährigen depressiv machen? Und was passiert, wenn man in der Lotto-Annahmestelle nach den Glücksspielrisiken fragt? Frische Fragen durchwirbeln Nellys Leben. Kein Wunder, dass sie manchmal nicht weiß, wo ihr der Kopf steht.

www.Kathrin-Heinrichs.de